ALBERTO F. ROLDÁN

ESCATOLOGÍA

¿Ciencia ficción o Reino de Dios?

Segunda edición
revisada y ampliada.

EDICIONES
KAIROS

Copyright © 2018 Ediciones Kairós

Caseros 1275 - B1602ALW
Florida, Buenos Aires, Argentina
www.kairos.org.ar

Ediciones Kairós es un departamento de la Fundación Kairós, una organización no gubernamental sin fines de lucro dedicada a promover el discipulado cristiano y la misión integral desde una perspectiva evangélica y ecuménica con un enfoque contextual e interdisciplinario.

Dirección: C. René Padilla

Diseño de la portada: Gastón Mato
Diagramación: Hernán Dalbes

Ninguna parte de esta publicación puede ser reproducida, almacenada o transmitida de manera alguna ni por ningún medio, sea electrónico, químico, mecánico, óptico, de grabación o de fotografía, sin permiso previo de los editores.

Queda hecho el depósito que marca la ley 11.723

Todos los derechos reservados - *All rights reserved*

Impreso en Argentina - *Printed in Argentina*

Roldán, Alberto Fernando
 Escatología : ¿ciencia ficción o Reino de Dios? / Alberto Fernando Roldán. - 2a ed ampliada. - Florida : Kairós, 2019.
 202 p. ; 20 x 14 cm.

 ISBN 978-987-1355-83-9

 1. Escatología Cristiana. I. Título.
 CDD 248.4

A Luis N. Rivera-Pagán
como signo de amistad

Índice

Prólogo de Luis N. Rivera-Pagán
a la segunda edición 7

Prefacio del autor a la segunda edición 11

Prólogo de Jorge A. León
a la primera edición 17

Agradecimientos 21

Introducción 23

I. La escatología se despierta del sueño 27
   1. La escatología del siglo 19 28
   2. La escatología del siglo 20 30
   3. Escatología y agonía del mundo 52

II. Escatología, profecía y apocalíptica 59
   1. Escatología: el estudio de "lo último" 60
       Etimología bíblica 60
       La escatología en el Nuevo Testamento 60
   2. Sentido bíblico de "profecía" 65
       Concepciones populares y erróneas 65
       El concepto bíblico de "profeta" y "profecía" 65
   3. Apocalíptica: ¿revelación o terror? 67
       Cómo surge la apocalíptica 67
       Características de la apocalíptica 70
       El simbolismo apocalíptico 72
       Los apocalipsis bíblicos 73
       La naturaleza del libro de Apocalipsis 75
       Contexto histórico del Apocalipsis 77
       Interpretación del Apocalipsis 79

III. El milenio: datos bíblicos y ciencia ficción 85
   1. Origen del milenarismo 85
   2. Desarrollo histórico del milenarismo 87
   3. El premilenarismo dispensacional 91
   4. El premilenarismo histórico 95

5. El posmilenarismo 98
　　6. El amilenarismo 100
　　7. Escatología ciencia ficción 102

IV. Escatología en la teología latinoamericana 107
　　1. Escatología en la teología católica 108
　　2. Escatología en la teología protestante:
　　　 ISAL y FTL 119
　　3. Escatología en himnos y cánticos evangélicos 136

V. Paradigmas para una escatología integral 149
　　1. Escatología de ruptura epistemológica 150
　　2. Escatología que supera dicotomías 153
　　3. Escatología que renuncia a la especulación 157
　　4. Escatología que opta por la esperanza 160
　　5. Escatología trinitaria 161
　　6. Escatología de la misión: el Reino de Dios 164

VI. Escatología en la literatura latinoamericana 169
　　Mario Vargas Llosa: *La guerra del fin del mundo* 170
　　Diálogo entre Sábato y Borges:
　　el cielo y el infierno 172
　　Leopoldo Marechal:
　　Adán Buenosayres y *El banquete de Severo Arcángelo* 179

Conclusión 185

Bibliografía General 189

Prólogo a la segunda edición

Pocas veces podemos disfrutar la lectura de un libro que logre enlazar la densidad teológica con la elegancia literaria. Este estudio del buen amigo Alberto F. Roldán de la clásica doctrina de la escatología es ejemplo destacado de ese maridaje excepcional. Pocos autores latinoamericanos están tan versados como Roldán tanto en temas teológicos como literarios.

La historia hermenéutica del postrer libro de las escrituras sagradas, Apocalipsis, ha sido en extremo ambigua. Libro de cabecera de conservadores a quienes la suerte de los marginados y excluidos importa poco; rebuscadores de códigos secretos que anatemicen a radicales y liberales de toda índole. Sin embargo, lo que en realidad vibra en la escatología bíblica es la ardiente esperanza de un mundo en el que imperen la justicia y la bondad, donde la guerra ya no sea una maldición perpetua, donde la paz y la hermandad universal prevalezcan.

Pero también ha sido lectura predilecta de quienes desafían el poder del imperio y sus secuaces (Babilonia y la Bestia) y confían en la promesa de "un cielo nuevo y una tierra nueva" (Apocalipsis 21:1) cuando Dios enjugue toda lágrima de los ojos de los oprimidos y perseguidos. El abad Joaquín de Fiore, en los últimos años del siglo doce, hizo del Apocalipsis piedra angular exegética de su visión de una tercera era de la humanidad, la era del Espíritu, en la cual la hermandad universal desplazaría las jerarquías de poder, incluyendo la eclesiástica, teoría que ineludiblemente le valió la vigorosa condena de sus escritos por el Papa Alejandro IV en 1256.

En 1949 se publicaron dos obras de gran influencia en las letras continentales, procedentes de dos contextos históricos, étnicos y culturales muy distintos. *El reino de este mundo*, de Alejo Carpentier, publicada bajo un título con obvias alusiones a palabras atribuidas a Jesús durante el juicio que culminó en su ejecución, y *Hombres de maíz*, el extraordinario relato de Miguel Ángel Asturias, con un título que evoca la vitalidad y vigencia de las tradiciones míticas mayas.

El célebre final de *El reino de este mundo* refleja la metamorfosis de la magia y el mito en afán perpetuo y utópico de liberación, en el interior de la historia humana. La magia no es aquí taumaturgia fantasiosa. Todo acto mágico y milagroso en la novela tiene una finalidad liberadora: es un arma de batalla en el arsenal espiritual de un pueblo cautivo, pero que conserva enormes reservas de audacia y reclamos de reivindicación. La fe en lo real-maravilloso, en los poderes extraordinarios que yacen ocultos tras la superficie de lo cotidiano, se convierte en gatillo que detona la explosión emancipadora:

> "El hombre ansía siempre una felicidad situada más allá de la porción que le es otorgada. Pero la grandeza del hombre está precisamente en querer mejorar lo que es. En imponerse Tareas... Por ello, agobiado de penas y de Tareas, hermoso dentro de su miseria, capaz de amar en medio de las plagas, el hombre sólo puede hallar su grandeza, su máxima medida en *El reino de este mundo*."

Ti Noel, quien emite esa proclama postrera, se convierte en parábola del elegido, del siervo sufriente del pueblo afroantillano. Es significativo que Carpentier titula el último capítulo de esta novela *Agnus Dei*, el cordero de Dios, que asume en su ser, no ya los pecados, sino la rebeldía e indignación del pueblo. En su papel vicario, Ti Noel lanza una declaración de guerra a cada sucesiva generación de nuevos amos. A su proclama de insurrección, se enlazan la historia de la sublevación humana y la fuerza devastadora de la naturaleza. En desafío frontal a los intentos de sojuzgar el espíritu y el cuerpo de los pobres de la tierra, una nueva revuelta arrabalera se conjuga con la fuerza espeluznante del huracán caribeño, que como el pueblo negro también llega a las Antillas desde las costas africanas, y se lanza contra la última camada de dominadores. Los ritmos sagrados de tambores y guamos, sincretismo musical de los pueblos dominados, se maridan con las potencias devastadoras del ciclón afrocaribeño y proclaman la tarea profundamente humana de historizar el mito y la utopía. La sublevación de los negros oprimidos marca el apocalipsis (la revelación) de significado de la historia humana como esfuerzo perenne de liberación.

También en 1949 se publicó una de las obras más discutidas y enigmáticas en la literatura latinoamericana, *Hombres de maíz*, de Miguel Ángel Asturias. Fuente inagotable de buceos en la mitología y las tradiciones espirituales de los pueblos mayas, el texto culmina en una visión apocalíptica que puede leerse simultáneamente como un retorno a la creación de los seres humanos como seres de maíz y una convocación a la resistencia contra quienes pretenden hacer del maíz fuente de lucro y no de vida. La conversión del maíz en un producto de la globalización capitalista tiene un precio fatal: la opresión y muerte de las comunidades autóctonas.

El final de la obra es de indudable cariz apocalíptico y mesiánico. Intenta sutilmente iluminar no sólo los múltiples enigmas que proliferan en el texto; también alude al desafío crucial en el que le va la vida a los pueblos autóctonos.

> "Los Zacatón fueron descabezados por ser hijos y nietos del farmacéutico que vendió y preparó a sabiendas el veneno que paralizó la guerra del invencible Gaspar Ilóm contra los maiceros que siembran maíz para negociar con las cosechas. ¡Igual que hombres que preñaran mujeres para vender la carne de sus hijos, para comerciar con la vida de su carne, con la sangre de su sangre, son los maiceros que siembran no para sustentarse y mantener su familia, sino codiciosamente, para levantar cabeza de ricos!...
>
> ¡María la Lluvia, la Piojosa Grande, la que echó a correr como agua que se despeña, huyendo de la muerte... llevaba a su espalda al hijo del invencible Gaspar...! A sus espaldas de mujer de cuerpo de aire, de solo aire, y de pelo, mucho pelo, solo pelo, llevaba a su hijo, hijo también del Gaspar Ilóm, el hombre de Ilóm, llevaba a su hijo el maíz, el maíz de Ilóm, y erguida estará en el tiempo que está por venir, entre el cielo, la tierra y el vacío."

En el trasfondo de este texto que concluye *Hombres de maíz* está indudablemente el *Popol Vuh* y las tradiciones míticas y religiosas mayas. Es un himno a la resistencia espiritual de los pueblos autóctonos. Pero no es un indígena quien lo escribe, sino Asturias, un autor criollo cuya excelencia literaria se da exclusivamente en castellano (y, no lo olvidemos, el francés), quien por tanto no puede desarraigarse de las tradiciones míticas y espirituales que proceden de las escrituras judeocristianas, entre ellas el *Apocalipsis* y su visión de una mujer que lleva en su seno a un hijo, destinado a regir las naciones. Esa mujer, para salvar a su niño de la persecución del maligno Dragón (Apocalipsis 12:1-6), hace lo mismo que la Piojosa Grande: huye para preservar al hijo que encarna la esperanza de liberación de los perseguidos y marginados. Esa visión mítica, apocalíptica y mesiánica palpita en la culminación de la gran novela de Asturias, vinculada ahora no al destino del joven movimiento cristiano perseguido por el imperio romano, sino a la sobrevivencia física y espiritual de las comunidades indígenas latinoamericanas.

Esa mujer del Apocalipsis, prefiguración, se me antoja, de la Piojosa Grande, madre del maíz, carne de los hombres y mujeres indígenas, huye al desierto, que en las imágenes simbólicas bíblicas juega un papel similar al de la lluvia en las espiritualidades autóctonas de Mesoamérica. Allí, en el desierto, en rebeldía vigorosa e irrenunciable contra la Babilonia/Roma imperial de su época y contra todas las Babilonias/Romas de todos los tiempos, con profunda y sentida evocación del apocalipsis de todos los pueblos marginados y subyugados.

Es una tradición de rebeldía y esperanza, de fe y compromiso con la liberación humana. Esa tradición es elegantemente rescatada en este excelente libro de Alberto F. Roldán. Esta obra es una contribución valiosa tanto teológica como literaria que merece leerse con extremo cuidado y mucha atención. ¡Mis felicitaciones al autor!

Luis N. Rivera Pagán
Profesor emérito
Seminario Teológico de Princeton

Prefacio del autor a la segunda edición

> *La historia revela su esencia solo como escatología.*
> Jacob Taubes

> *Se avecina el tiempo de la Parusía. Cristo regresa por segunda vez a la Tierra. Quemen. Allanen. Que no quede una sola piedra del antiguo tiempo. Que no quede una sola plaga del pasado. Que el nuevo tiempo nos encuentre desnudos sobre una tierra yerma.*
> Carlos Fuentes, *Terra nostra*

En su ensayo "Los comienzos de la teología cristiana" el teólogo alemán Ernst Käsemann no duda en afirmar que es posible percibir en todo el Nuevo Testamento la presencia de la apocalíptica postpascual, y agrega:

> El nuevo testamento le debe demasiado a esta apocalíptica para que podamos sentir que con ello ya hemos pagado nuestras deudas. Su tema central era la esperanza en la epifanía del Hijo del hombre que venía para su entronización. Y podríamos preguntarnos si puede existir legítimamente una teología cristiana fuera de este tema, que brotó de la experiencia de pascua y que determinó la fe pascual.[1]

Esta importante afirmación destaca que fue precisamente la escatología el espacio donde se fraguó lo que después llegó a denominarse "teología cristiana". Ocuparnos, entonces, de ella es abordar la génesis misma de la fe cristiana teológicamente articulada. El presente libro está dedicado a exponer la escatología cristiana que, como bien dice Moltmann, debe dejar su lugar último de los tratados teológicos para ocupar el primer lugar y ser redefinida como doctrina de la esperanza cristiana que tiene su meta en la *parusía* gloriosa de Jesucristo.

¿Qué direcciones ha tomado la escatología cristiana en la historia? En su excelente obra *Escatología y ética*, Carl Braaten distingue los varios caminos que la escatología ha recorrido en

---

[1] Ernst Käsemann, *Ensayos exegéticos*, trad. Ramón Fernández, Sígueme, Salamanca, 1978, p. 216.

la historia. Dice:
> *A algunos les interesa por motivos especulativos; aspiran a construir un sistema dirigido a la interpretación de la totalidad de lo real. A otros les preocupa por razones soteriológicas; desean saber qué les reserva el futuro para su salvación personal. La finalidad que inspira mi interpretación del Reino de Dios incorpora estas preocupaciones metafísicas y existenciales. Pero, además, insisto constantemente en la importancia de la escatología para la renovación de la iglesia y de la ética cristiana. La he denominado "escatopraxis". Tal como la interpreto, poseer una escatología equivale a creer que la esencia de las cosas yace en su futuro; nada existente es con exactitud tal como debiera ser; para todo, existe una llamada para la conversión radical; y todos son herederos de la promesa a cumplirse plenamente.*[2]

Tomando en consideración estas direcciones de la escatología que Braaten presenta, puedo decir que la presente obra rehúye de los motivos especulativos y, sin desconocer que la escatología tiene vinculación con la salvación, la misma es entendida a partir del Reino de Dios como paradigma de la acción de Dios en la historia y su culminación en la Parusía de Jesucristo, dado que su importancia radica en que da sentido a la misma historia.

Por su parte el teólogo brasileño Luiz Carlos Susin, en su reciente obra *O tempo e a eternidade. A escatología da criação*, destaca la importancia y la centralidad de la escatología en el *corpus* de la teología afirmando que "La teología cristiana es un cruce de caminos en muchas direcciones, para adelante y para atrás, para abajo y para arriba, y la escatología es la llegada de esos muchos caminos".[3] Uno de los aportes principales del libro de Susin radica en que replantea la centralidad de la escatología frente a los grandes desafíos de las ciencias más variadas que van desde la física actual hasta las ciencias sociales y la secularización que los conceptos escatológicos han experimentado a partir de la modernidad. Esos desafíos, dice, tomando la metáfora de Hans Urs von Balthasar, obliga a la teología a "hacer horas extra".

Ahora, algunas referencias a los cambios incorporados en

---

[2] Carl E. Braaten, *Escatología y ética*, trad. Luis Farré, La Aurora, Buenos Aires, 1977, prólogo, pp. 5-6. Cursivas originales.
[3] Luiz Carlos Susin, *O tempo e a eternidade. A escatología da criação*, Vozes, Petrópolis, 2018, p. 11.

esta segunda edición del libro. La primera edición[4] superó mis expectativas, ya que no sólo fue un libro para lectura personal sino que también se convirtió en un texto de estudio en varias instituciones teológicas de América Latina. Ahora, en su segunda edición, es preciso indicar algunos cambios introducidos en la misma.

En el capítulo 1 he incorporado algunos contenidos sobre uno de los signos de los tiempos[5] como es el problema ecológico que, lejos de disminuir, se ha profundizado a niveles insospechados provocando, al mismo tiempo, la reflexión en lo que hoy se da en llamar "ecoteología" y que, definitivamente, debe incluirse en la agenda de la misión de la Iglesia.

En el capítulo 3 he incluido nueva bibliografía en los temas referidos a las escuelas escatológicas que tienen como núcleo el milenio, en particular, la referida al dispensacionalismo, aportando algunos datos de una escuela más moderada que se da en llamar "dispensacionalismo progresivo" y una forma de posmilenarismo incipiente vinculada a los movimientos de renovación carismática. En el capítulo 4, referido a la escatología latinoamericana, he incluido la perspectiva de la Fraternidad Teológica Latinoamericana en los trabajos de dos de sus fundadores, C. René Padilla y Samuel Escobar, como un modo de compararla con la elaborada por los teólogos de Iglesia y Sociedad en América Latina (ISAL) que ya estaban incluidos en la primera edición. Las referencias al "dispensacionalismo progresivo" y a la escatología de la Fraternidad Teológica Latinoamericana surgieron cuando preparaba una conferencia que ofrecí en Boston en la Annual Meetings de la Society of

---

4 Alberto F. Roldán, *Escatología. Una visión integral desde América Latina*, Ediciones Kairós, Buenos Aires, 2002 (versión en portugués, *Do terror á esperança*, trad. Hans Udo Fuchs, Descoberta Editora, Londrina, 2001). Esa primera edición en castellano mereció un breve comentario de Samuel Escobar que destacó el trabajo sistemático que habíamos encarado en la obra, ubicando el tema dentro de la teología europea y las tendencias latinoamericanas, agregando que el autor "Pasa luego a ocuparse detenida y críticamente de las corrientes escatológicas predominantes en el ámbito evangélico latinoamericano, incluyendo una excursión creativa en la himnología". Samuel Escobar, *En busca de Cristo en América Latina*, Ediciones Kairós, Buenos Aires, 2012, p. 473.

5 Para un estudio de los signos de los tiempos que tiene al Reino de Dios como eje central, véase Alberto F. Roldán, *Hermenéutica y signos de los tiempos*, Teología y Cultura Ediciones, Buenos Aires, 2016.

Biblical Literature en noviembre de 2017.[6] Fue allí donde conocí personalmente al destacado teólogo puertorriqueño Luis N. Rivera-Pagán quien tuvo a bien enriquecer la presente edición con un generoso prólogo.

También las teologías feministas han hecho un importante aporte al tema escatológico. Solo como un botón de muestra es oportuno citar lo que dice Kwok Pui-lan[7] cuando señala que para las mujeres del tercer mundo que hablan el lenguaje del hambre en un contexto colonial no hay un *eschaton* final, ni una impredecible utopía, ya que la historia para ellas es ambigua como para ser construida en forma lineal, progresiva y optimista.

La presente obra intenta ofrecer un cambio epistemológico en la escatología que consiste en desplazar el eje central del milenio como criterio de ortodoxia y sustituirlo por el Reino de Dios. También, la obra procura superar las especulaciones escatológicas que extrapolan con demasiada superficialidad los textos bíblicos para insertarlos en eventos mundiales de la actualidad. Tales lecturas, a veces sensacionalistas, se nos revelan plenas de presupuestos hermenéuticos e ideologías que es preciso aquilatar.

Con posterioridad a la publicación de la primera edición de esta obra, mis estudios en el campo de la filosofía política y la teología política me permitieron constatar que la escatología es un tema de la teología sistemática que por su importancia evade los estrechos márgenes eclesiales. Es posible detectar esa presencia en la filosofía política en uno de los pensadores más profundos de la Escuela de Frankfurt, Walter Benjamin. En su ensayo "Sobre el concepto de la historia" dice Benjamin en inequívoco lenguaje apocalíptico: "El Mesías viene no sólo como Redentor, sino también como vencedor del Anticristo".[8] Jürgen

---

[6] En ese encuentro participé junto a teólogos de Estados Unidos, Asia, África y América Latina. Mi *conferencia* se titula: "Latin American Perspectives on Eschatology. From Dispensationalism to Theology of Hope" y será publicada en una obra conjunta en Grand Rapids, Michigan.

[7] Kwok Pui-lam, *Postcolonial Imagination & Feminist Theology*, John Knox Press, Louisville. 2005, p. 37.

[8] Walter Benjamin, *Concepto de filosofía de la historia*, trad. H. A. Murena y D. J. Vogelmann, Terramar, Buenos Aires, 2007, p. 68. En su sesudo análisis de los aportes

Moltmann[9] se hace eco de esa osada afirmación y comenta que Benjamin está pensando en el momento revolucionario como una instancia apocalíptica en la cual el "ahora" es un prototipo y anticipación del tiempo mesiánico. En un meduloso análisis del pensamiento de Benjamin, Michael Löwy se refiere al doble papel del Mesías: como redentor y como vencedor del Anticristo. Dice:

> Al comentar este pasaje, Tiedemann constata una sorprendente paradoja: "En ninguna otra parte Benjamin habla de manera tan directamente teológica como aquí, pero en ninguna otra parte tiene una intención tan materialista. Es preciso reconocer en el Mesías a la clase proletaria y en el Anticristo, a las clases dominantes".[10]

A todas luces, surge claramente que, en la articulación de su pensamiento revolucionario, Walter Benjamin toma las categorías del mesianismo y la apocalíptica como marco teórico mostrando su relevancia para la comprensión de la historia. No es posible desarrollar aquí su rico pensamiento, pero lo expuesto es suficiente para mostrar que la escatología ha influido no sólo en el campo de lo estrictamente teológico sino también se ha trasladado a los planteos filosóficos que intentan descifrar el enigma de la historia y sus contradicciones.[11]

---

de Walter Benjamin y Ernst Bloch, David A. Roldán sostiene que ambos autores priorizaron el futuro, la utopía y la esperanza como modos de recuperar la escatología pero no en un nivel puramente individualista sino más bien social y comunitario. David A. Roldán, *Teología contemporánea de la misión. Reflexión crítica*, Ediciones Teología y Cultura, Ramos Mejía, 2013, p. 129. El filósofo y teólogo argentino también señala que el propio Heidegger, más allá de su confesada adhesión al nazismo, concibió el modo de ser del hombre como una anticipación al futuro, lo cual está corroborado en el profundo análisis que hace de él Jürgen Habermas cuando dice: el mesianismo de Nietzsche, en términos de forzar la salvación, "se convierte en Heidegger en la espera apocalíptica de la aparición catastrófica de lo nuevo", Jürgen Habermas, *El discurso filosófico de la modernidad*, trad. Manuel Jiménez Redondo, Katz editores, Buenos Aires, 2008, p. 152.

9 Jürgen Moltmann, *The Coming of God. Christian Eschatology*, trad. Margaret Kohl, Fortress Press, Minneapolis, 1996, p. 39. Versión en castellano: *La venida de Dios. Escatología cristiana*, trad. Constantino Ruiz-Garrido, Sígueme, Salamanca, 2004.

10 Michael Löwy, *Walter Benjamin: aviso de incendio. Una lectura de las tesis "Sobre el concepto de historia"*, trad. Horacio Pons, Fondo de Cultura Económica, Buenos Aires, 2002, p. 79.

11 Para un análisis de la teología política, véase Alberto F. Roldán, "Las teologías políticas de Jürgen Moltmann y Johann Baptist Metz," en *Reino, política y misión*, Ediciones Puma,

Otro cambio sustantivo de esta segunda edición radica en un capítulo nuevo donde abordo la presencia de la escatología en la literatura latinoamericana. En los últimos años me he dedicado al estudio y la exposición de la relación entre teología y literatura, siempre en perspectiva latinoamericana. En particular, en este capítulo expongo la presencia de la escatología en el peruano Mario Vargas Llosa y los argentinos Ernesto Sábato, Jorge Luis Borges y Leopoldo Marechal. Este último, vale consignarlo, experimentó una conversión en una iglesia pentecostal de Ciudadela, localidad del Oeste del Gran Buenos Aires, hecho que muchas veces se ignora o se silencia. El primer dato sobre el particular lo obtuve de un artículo de C. René Padilla publicado en la revista *Certeza*, Nro. 50 y, a partir del mismo, me dediqué a la profusa lectura de su narrativa, especialmente *Adán Buenosayres* y *El banquete de Severo Arcángelo*, título este último que ya denota el rasgo apocalíptico de la obra.

Anhelo que esta segunda edición de la obra colme las expectativas de los lectores y, sobre todo, sea un instrumento en las manos de Dios que revitalice la esperanza en la gloriosa venida de Jesucristo. Una esperanza que supere la pasividad y el fatalismo, materializándose en la praxis de la justicia del Reino de Dios en nuestro mundo. Sabiendo que, como nos recuerda Luis Rivera-Pagán en palabras de Carpentier: "En el Reino de los Cielos no hay grandeza que conquistar… el hombre sólo puede hallar su grandeza, su máxima medida, en el Reino de este Mundo".[12]

Alberto F. Roldán
Ramos Mejía, Tiempo de Adviento de 2018.

Lima, 2011, pp. 157-186. Para una perspectiva judeocristiana de la escatología tanto en el campo bíblico como en el filosófico, véase Jacob Taubes, *Escatología occidental*, trad. Carola Pivetta, Miño & Dávila Editores, Buenos Aires, 2010. En la primera parte de esa obra, que es su tesis doctoral, Taubes afirma: "La historia revela su esencia en la escatología. (…) Así la historia es necesariamente historia de salvación". *Ibíd.*, p. 33.

12 Alejo Carpentier, *Concierto Barroco. El Reino de este Mundo,* Editorial Andrés Bello, Santiago de Chile, 1997, pp. 215-216.

Prólogo a la primera edición

A lo largo de su extenso recorrido, Alberto Roldán nos muestra cómo la escatología se despierta del sueño, principalmente en el siglo 20. Es un privilegio poder escribir un prólogo que intente prolongar la reflexión en el tiempo, partiendo del pasado, pasando por el presente y extendiéndose hacia el futuro. Desde una perspectiva pastoral, tomo conciencia de que el siglo pasado trajo el despertar del interés no sólo por la escatología sino también por la arqueología psíquica, es decir, por lo que se refiere al ayer, que se presentifica en el hoy, para proyectarse en un mañana mejor para el sujeto humano. Todo esto para gloria de Dios, quien ha creado al ser humano a su imagen y semejanza (*Imago Dei*).

En el siglo 20, el racionalismo narcisista y omnipotente, como moderno Goliat, fue derribado por la honda de Sigmund Freud, quien demostró que el ser humano no se determina tanto por sus razones como por sus pasiones, encerradas en el ignoto mundo de lo inconsciente. De ahí que la *eschato-logía* y la *arqueo-logía*, como reflexión humana —en la sinergia que implica que los creyentes seamos *sunergoi* (compañeros de trabajo) de Dios, según 1 Corintios 3.9— puedan darse la mano en tres de los paradigmas que presenta el doctor Roldán: 1) la escatología que opta por la esperanza; 2) la escatología trinitaria; y 3) la escatología de la misión de la Iglesia.

1. *La esperanza escatológica*. Como bien ha escrito el Dr. Roldán, debemos renunciar a las especulaciones. Sabemos que el tiempo se encargará de disipar tales especulaciones, como el sol disipa la niebla matutina. Bien señala el autor que las especulaciones, sobre todo las apocalípticas, son, por lo general, lecturas sujetas a ideologías. Diacrónica y sincrónicamente, se nos ha hecho pensar en Nerón, Adolfo Hitler, el Papa romano, la ex Unión Soviética, etc., como el preanuncio del fin. ¿Acaso no son los Estados Unidos de América el Gran Satán para millones de musulmanes fundamentalistas?

La esperanza del cristiano, tanto en su arqueología psíquica como en su escatología, está centrada en Jesucristo y su Iglesia, la cual continúa su ministerio pastoral en el aquí y el ahora, bajo la dirección del Espíritu Santo.

Según el decir de Pablo en Efesios 1.9-10, el propósito de Dios es lograr la unidad de las polaridades a través de la *anaquefalaiosis* en Cristo. Es decir, Dios se ha propuesto en sí mismo lograr la unidad de las polaridades bajo una sola cabeza: Jesucristo. Esa es, pues, la razón de ser de nuestra esperanza escatológica.

2. *La escatología trinitaria*. En el mundo en que vivimos hay personas que, conscientemente, son Testigos de Jehová; también hay otras que son, consciente o inconscientemente, Testigos del Espíritu Santo; Dios necesita más cristianos que sean hoy Testigos de la Trinidad. El Señor continúa diciéndonos hoy: *"No los voy a dejar huérfanos; volveré a ustedes... En aquel día ustedes se darán cuenta de que yo estoy en mi Padre, y ustedes en mí, y yo en ustedes"* (Jn 14.18-20). *"Les conviene que me vaya porque, si no lo hago, el Consolador no vendrá a ustedes..."* (Jn 16.7).[1]

El concepto de Trinidad que aparece en los textos que acabo de citar pone en evidencia la disolución de las polaridades y el triunfo de la unidad, donde se reunirán la Trinidad y la imago Dei en los tiempos escatológicos. Mientras tanto, en este tiempo de la Iglesia, nuestro quehacer arqueológico debe realizarse a través del ministerio pastoral.

3. *La escatología de la misión de la Iglesia*. Nos dice Roldán: *"Una mirada sintética dirigida tanto al pasado como al futuro le permite a la Iglesia de Jesucristo cumplir con su misión"*. Estoy totalmente de acuerdo, pero, para no perder la costumbre, quiero meter un "bocadillo pastoral". No se puede transitar del pasado al futuro sin pasar por el presente. La arqueología psíquica, descubierta por Freud, nos muestra que hay un camino de doble mano entre pasado y presente. El pasado se hace presente de muchas maneras, especialmente en el síntoma, que no es más que el retorno, al presente, de lo reprimido en el pasado. Por otro lado, el presente se está haciendo pasado en cada instante. El

---

1 Nueva Versión Internacional (NVI). Las citas bíblicas en este libro son tomadas de esa versión.

presente de ayer es el pasado de hoy; y nuestro presente está siempre deviniendo en pasado.

En la diacronía del recorrido de la vida humana pasamos por la sincronía del aquí y del ahora, que nos conduce inexorablemente al *kairos* divino. En los momentos escatológicos gloriosos, *cronos* y *kairos* se darán la mano.

La misión de la iglesia debe estar dirigida a la totalidad de la vida, en el discurrir de una escatología integral. Durante ese recorrido, el interés de la misión de la Iglesia debe concentrarse en el ser humano como alma, mente y cuerpo, en su relación con Dios, con el prójimo y con la naturaleza. La misión debe expresarse en la proclamación y puesta en acto de la Palabra de Dios, a través del ministerio integral de la Iglesia, el cual no debe excluir una labor pastoral activa y profunda. Entonces se cumplirá el mandato de nuestro Señor: *"Sed teleioi* [seres acabados, plenamente humanos] *como vuestro Padre que está en los cielos es teleios"* [plenamente Dios] (Mt 5.48).

Finalizo con palabras de Roldán: *"La parusía de Jesucristo, 'bendita esperanza'* (Tit 2.13), *nos dinamiza para el cumplimiento de la misión de Dios en el mundo, que se cristaliza toda vez que proclamamos el Evangelio del Reino y vivimos sus consecuencias éticas, tanto en el plano personal, como en el familiar, social, político, económico y ecológico. Es así como, por obra del Espíritu, podemos otear en el horizonte el triunfo final del Dios trino y uno".*

Jorge A. León
Buenos Aires, primavera de 2002.

Agradecimientos

Deseo expresar mi más sincera gratitud a ASIT, Asociación de Seminarios e Instituciones Teológicas del Cono Sur, por haberme ofrecido la posibilidad de participar del proyecto de publicaciones de libros en el área de la teología sistemática. De manera especial al Lic. Hugo Santos, secretario ejecutivo de esa entidad, quien me contactó para tal fin. También agradezco al pastor Daniel Simoes, de Mar del Plata, el envío de letras de himnos clásicos y algunos cánticos. Agradezco al Prof. Pablo Sosa por la información específica referida a autores de algunos de los himnos estudiados en esta obra. Al Dr. Néstor Míguez, por el valioso material que me proporcionó sobre las diversas interpretaciones del Apocalipsis y por sus sugerencias respecto a los contenidos del capítulo 4. Al Dr. Guillermo Hansen, por sus consejos para incluir una reflexión sobre la Trinidad. Del mismo modo, expreso mi gratitud a la Dra. Nancy Bedford por su cuidadosa lectura del manuscrito y las valiosas sugerencias para la ampliación del capítulo 5. También expreso mi agradecimiento a los doctores Mariano Ávila y Jorge A. León, quienes han tenido la gentileza de comentar la obra.

La gratitud se extiende a mi esposa Emilia, que siempre me ha alentado y apoyado en mi trabajo y ministerio, tanto en Argentina como en Brasil; a mi hija Myrian y a mi yerno Maximiliano, que han sido ávidos lectores de mis trabajos; a mi hijo David, por la ayuda en la búsqueda de bibliografía, y a mi hijo Gerardo, por el envío de las letras de canciones evangélicas. Aunque soy responsable de la totalidad de los contenidos de la obra, ella ha sido posible gracias a la inestimable ayuda de esos amigos, colegas y familiares. Es mi deseo que la lectura de esta obra revitalice nuestra fe y movilice nuestra esperanza en Jesucristo, quien "es digno de recibir el poder, la riqueza y la sabiduría, la fortaleza y la honra, la gloria y la alabanza" (Ap 5.12).

Alberto F. Roldán

Introducción

Un cordero con siete ojos y siete cuernos. Una mujer revestida del sol con la luna debajo de sus pies. Un dragón color escarlata con siete cabezas, diez cuernos y siete diademas, que arrastra con su cola la tercera parte de las estrellas. Una bestia que sube del mar con siete cabezas y diez cuernos, semejante al leopardo, pero con pies de oso y boca de león. ¿Literatura fantástica al estilo de Jorge Luis Borges o Stephen King? ¿Imágenes y figuras propias de la ciencia-ficción? Nada de eso. Se trata, pura y simplemente, de imágenes apocalípticas, es decir, figuras tomadas del Apocalipsis de la Biblia, un tipo de literatura que hoy llamaríamos "fantástica". El teólogo Ernst Käsemann hizo célebre una afirmación: "La apocalíptica se ha convertido en la madre de toda la teología cristiana".

Ahora bien, si la apocalíptica fue la gestora de la teología cristiana, lo es, en mayor grado aún, en relación con la escatología. Entonces, surgen —inevitables— las preguntas: ¿Cómo se relaciona la apocalíptica con la escatología? ¿Está destinada la apocalíptica a sembrar miedo y terror en los lectores? ¿O se trata, más bien, de una literatura destinada a generar esperanza? Por su parte, ¿ofrece la escatología cristiana detalles pormenorizados acerca del futuro? ¿Y del presente? ¿Hasta qué punto los datos proporcionados por la Biblia nos permiten hacer cálculos sobre el futuro de la iglesia y del mundo? Lo cierto es que entramos al Tercer Milenio con predicciones no cumplidas que van desde las fantasías de Hal Lindsey hasta las profecías Nostradamus; el primero, autor del *best seller* cristiano *La agonía del gran planeta tierra*; el segundo, famoso por sus predicciones sobre el fin del mundo, el cual iba a acontecer en agosto de 1999. Profecías que, como tantas otras, pasaron sin pena ni gloria al baúl de los recuerdos.

Este libro no es una obra para especialistas. En el reducido espacio que disponemos no nos será posible abarcar todo lo que quisiéramos sobre la escatología cristiana. Nuestro intento, mucho más modesto, consiste en esbozar los temas centrales de la escatología cristiana, apelando a los datos bíblicos fundamentales, evaluando los aspectos que, según nuestro parecer, deben ser colocados en un segundo plano de importancia y, sobre todo, destacando el cariz de esperanza que toda auténtica escatología cristiana debe transmitir. En el capítulo 1, titulado "la escatología se despierta del sueño", hacemos un repaso histórico de cómo se fue desarrollando la escatología, desde unas tímidas referencias en el siglo 19 hasta instalarse en el centro de los debates en el siglo 20. El capítulo 2 está consagrado a conceptos clave: "Escatología, profecía y apocalíptica", términos que, lamentablemente, son a menudo identificados como sinónimos, lo cual no puede generar otra cosa que confusiones. Allí destinamos un amplio espacio a la cuestión apocalíptica, decisiva en los temas a tratar en el capítulo 3. Precisamente en esa sección del libro, intentamos bosquejar las distintas escatologías sistemáticas que se construyen a partir del milenio como eje interpretativo. El cuarto capítulo tiene como objetivo analizar las escatologías que se pueden encontrar en el escenario latinoamericano, sean "sistemáticas" o "populares". Las primeras se refieren a teólogos tanto católicos como protestantes. El análisis de sus obras representativas nos permite, por vía de comparación, establecer los énfasis, los contrastes y los silencios. En cuanto a la teología que denominamos "popular", es la que se encuentra en el culto evangélico latinoamericano. Allí interpretamos tanto el contenido de himnos llamados "clásicos" dentro de la producción protestante como algunos ejemplos de modelos latinoamericanos de las décadas de 1950 y 1960, para llegar a expresiones más actuales como Marcos Witt. También allí hacemos referencia a canciones tal vez menos difundidas a nivel continental, pero que se yerguen como modelos alternativos y, a nuestro parecer, más bíblicos que otros que gozan de mayor difusión y popularidad.

Finalmente, en el capítulo 5 presentamos, a manera de hipótesis que invitan a la reflexión, lo que denominamos "Paradigmas para una escatología integral", que pretenden superar dicotomías y reduccionismos. Sobre todo, destacamos la importancia de la esperanza como futuro de Jesucristo, del hombre, de la mujer y del mundo. Al fin y al cabo, nuestro Dios es el Dios de la esperanza y de la salvación integral, es decir, del hombre y la mujer concretos y del mundo material, porque la meta final de la historia es la consumación del Reino de Dios. En palabras del apóstol Pedro: "Según su promesa, esperamos un cielo nuevo y una tierra nueva, en los que habite la justicia" (2P 3.13). Es hacia esa meta que debemos proyectar nuestra vida y nuestra esperanza.

ALBERTO F. ROLDÁN

I

La escatología se despierta del sueño

> Por una rara y fructífera acción conjunta del desarrollo teológico y de los acontecimientos actuales, el problema de la escatología se ha tornado crucial tanto para el mundo cristiano como para el mundo en general. La historia humana ha sido —y ha tenido que ser— reconsiderada a la luz de la escatología.
>
> Geoffrey W. Bromiley

Así como se afirma que el siglo 20 fue el siglo de la misión de la Iglesia, también podríamos afirmar que fue el período histórico en que se recuperó el énfasis en el Espíritu Santo. Baste recordar dos hechos: en ese siglo se inició el pentecostalismo y surgieron los movimientos carismáticos de diversa índole. ¿Qué podemos decir en cuanto a la escatología? Si comparamos el siglo 19 con el 20, fácilmente advertimos los contrastes. El primero, estuvo caracterizado por el optimismo propio de una sociedad en progreso, que consideraba que, de manera casi inevitable, el hombre llegaría a su máximo desarrollo, rayano con la perfección. Ese desmedido optimismo también campeó en los ámbitos teológicos vinculados al liberalismo.[1] No faltaron quienes afirmaran: "Una cosa es segura: el hombre marcha hacia la perfección".

Sin embargo, en el siglo 20 aquella exagerada perspectiva de ascenso imparable se vino al suelo como castillo de naipes. En especial ello aconteció como consecuencia de las dos terribles y devastadoras guerras mundiales, las cuales sembraron

---
1 Recordamos la famosa síntesis con que H. Richard Niebuhr describió al liberalismo: "Un Dios sin ira introduciría hombres sin pecado en un reino sin juicio, mediante la ministración de un Cristo sin cruz" (*The Kingdom of God in America*, Hamden, Connecticut, 1956, p. 193).

de cadáveres los campos europeos. Esta realidad trágica y descarnada mostró que el hombre no era tan bueno como decía, y que la humanidad y el mundo estaban lejos de encontrarse a las puertas de la perfección. Fue así, dramáticamente, como la escatología comenzó a despertar, porque, en palabras de un teólogo católico, la escatología "durante siglos ha estado durmiendo el sueño de los justos. Últimamente y como consecuencia de las crisis históricas de nuestra época ha pasado a ocupar el centro del pensamiento teológico".[2]

Surgen preguntas: ¿quiénes fueron los primeros teólogos que comenzaron a "desempolvar" la escatología en los siglos 19 y 20? ¿Qué tipos de escatología postularon? ¿Qué relación tiene la escatología con la historia y su significado? ¿Qué incidencias tienen los problemas actuales del mundo en la escatología cristiana? Dichas preguntas guiarán nuestro pensamiento en este capítulo inicial de nuestro recorrido.

1. La escatología en el siglo 19

Nuestra recorrida histórica debe comenzar con Albrecht Ritschl (1822-1889). Teólogo luterano alemán, Ritschl revela en su teología una fuerte influencia de Immanuel Kant, el gran filósofo germano, criado en un ambiente pietista y con una decidida posición a favor de una ética del deber. Debido a esa influencia, Ritschl destacó que el concepto de "Reino de Dios" era una clave para la comprensión del mensaje de Jesús y de la teología en general. Describió al cristianismo como una especie de elipse determinada por los focos de la redención objetiva, lograda por Jesucristo, y el Reino de Dios como meta o modelo. Definió al cristianismo como "una religión completamente espiritual y ética (…) [que] involucra el impulso a conducirse desde el motivo del amor, que apunta a la organización moral de la humanidad".[3] El Reino, entonces, ya no es tanto *de Dios*,

---

[2] Joseph Ratzinger, *Escatología. Curso de Teología Dogmática*, tomo IX, Herder, Barcelona, 1984, p. 18.

[3] Albrecht Ritschl, *The Christian Doctrine of Justification and Reconciliation*, T. & T. Clark, Edinburgo, 1902, p. 13. Las ideas de Ritschl serían plasmadas socialmente por

sino que representa, más bien, una tarea humana. Ritschl apela a la función de los redimidos para que ellos, con su actividad, establezcan el Reino de Dios en el mundo. La religión cristiana es, en esencia, cuestión de conducta, de moral, de ética. El Reino viene a representar los más altos valores éticos que se encuentran en el Nuevo Testamento y han sido ilustrados por Jesús de Nazaret. Prácticamente, dentro del esquema de Ritschl, la escatología no tiene un lugar preponderante.

Otro teólogo que fue una verdadera autoridad en historia de la Iglesia y cuyas ideas teológicas tuvieron influencia se llamó Adolf von Harnack (1851-1930). Autor de una obra monumental, *The History of Dogma* (*La historia del dogma*), escribió otro libro titulado *What is Christianity?* (*¿Qué es el Cristianismo?*). Para Harnack, la enseñanza de Jesús abarcaba dos polos: el Reino de Dios como un acontecimiento futuro y el Reino de Dios como una experiencia interior. A la pregunta: ¿cuándo llega el Reino? Harnack responde: "Llega cuando se acerca al individuo, entrando en su corazón y tomando posesión del mismo".[4] Los alcances futuros del Reino son absorbidos por la inmediatez, y el Reino de Dios se reduce a una experiencia subjetiva, íntima e individual donde las esperanzas de concreción externa y escatológica resultan prácticamente anuladas.

El tercer teólogo que es necesario mencionar en esta recorrida es Johannes Weiss (1863-1914). Weiss era yerno de Ritschl y escribió un libro titulado *Jesus' Proclamation of the Kingdom of God* (*La proclamación de Jesús sobre el Reino de* Dios), publicado por primera vez en 1892. Su relación familiar con Ritschl no le impidió criticarlo, en el sentido que consideró que las palabras de Jesús debían interpretarse exactamente al revés de como las interpretó Ritschl. Jesús no fue simplemente un maestro de moral; más bien, estaba convencido de que se encontraba en el cruce de los tiempos y que él era quien proclamaba la salvación

---

Walter Rauchenbush en Estados Unidos y su proyecto del "evangelio social". Rauschenbusch publicó algunas obras, entre las que podemos citar *Christianity and the social crisis* (Association Press/The Macmillan Company, Nueva York, 1907) y *A Theology for the Social Gospel*, The Macmillan Company, Nueva York, 1917.

4 Adolf von Harnack, *What is Christianity?*, p. 57, citado por Anthony Hoekema, *La Biblia y el futuro*, Subcomisión Literatura Cristiana, Grand Rapids, 1984, p. 324.

escatológica. En términos poéticos, Weiss define el Reino futuro como "el estallido de una abrumadora tormenta divina que irrumpe en la historia para destruir y renovar".[5] Weiss hace un aporte a la comprensión de la escatología pero, al acentuar tan fuertemente el aspecto futuro del Reino, parece hacerlo en desmedro de los alcances actuales del mismo.

2. La escatología en el siglo 20

Albert Schweitzer (1875-1966) fue la figura más descollante en los comienzos del siglo 20 en cuanto a la escatología. Hombre de múltiples intereses —fue médico, músico y teólogo, considerado el mejor intérprete de Bach en órgano— apasionado por su búsqueda de la clave de la vida, Schweitzer se internó en el África y creó un leprosario en Lambaréné, obra filantrópica que le valió la obtención del Premio Nobel de la Paz en 1952. Una de sus definiciones brillantes sobre la vida señala: "La ética consiste en la responsabilidad hacia cuanto vive, responsabilidad que se ha ampliado tanto que carece de límites".[6] Sin embargo, aquí nos interesa conocer sus ideas teológicas, especialmente aquellas referidas a la escatología. Schweitzer criticó al cristianismo el cual, según su manera de ver, se había desviado de los objetivos y la misión de Jesús. Jesús vino para anunciar el Reino de Dios, un Reino inminente que exigía preparación. Para ello, formuló el famoso Sermón del Monte, con una ética rigurosa, a manera de preparación para quienes quisieran experimentar el Reino. Agrega Schweitzer:

> Pero el Cristianismo, tal como se ha desarrollado, se ha preocupado más del perdón de los pecados y la resurrección de la carne, que de aquello que más caro era a Jesús: el hecho de que la humanidad tiene que comprender el significado del Reino de Dios. Jesús no pretendió ser el Mesías. No pretendió ser ninguna de las cosas que se han dicho sobre él. Lo único que sostuvo fue

---

5 Citado por Hoekema, *op. cit.*, p. 325.

6 Citado por Mario Waissmann, *Un místico en acción. Albert Schweitzer*, Santiago Rueda Editor, Buenos Aires, 1953, p. 117.

conocer la realidad del advenimiento del Reino de Dios.⁷

En la cristología de Schweitzer Jesús aparece como un maestro de moral que estaba convencido —erróneamente— de que el Reino de Dios vendría en poco tiempo, acaso para la época de las cosechas. No obstante, las cosas no sucedieron tal como él las intuyó. Entonces, casi en una acción suicida, Jesús marchó a Jerusalén para ver si, a través de su muerte, el Reino podía irrumpir. No resistimos la tentación de transcribir la fascinante metáfora con la que Schweitzer describe la muerte de Jesús:

> Teniendo conocimiento de que él es el anunciado Hijo del Hombre, pone mano a la rueda de la historia para dar impulso a ese último giro que llevaría toda la historia común a su conclusión. Esta rehúsa girar, y él se arroja sobre ella. Y entonces ella gira y lo aplasta. En vez de introducir las condiciones escatológicas, él las ha destruido. La rueda continúa ahora en sus giros, y el cuerpo destrozado de ese hombre único, inconmensurablemente grande, lo suficientemente fuerte como para pensar en sí mismo como gobernador espiritual de la humanidad y capaz de desviar la historia en la dirección de su propósito, todavía pende de ella. Esa es su victoria y su reinado.⁸

A despecho que esta imagen de Jesús no se corresponde ni con los datos bíblicos ni con la cristología cristiana a través de los siglos, lo importante en Schweitzer radica en que su énfasis en el mensaje escatológico de Jesús obligó a los teólogos posteriores a interesarse real y vivamente por estos temas. Schweitzer representa lo que se ha dado en llamar "escatología consecuente", "completa" o "cabal". Jesús actuó dominado por la idea de una venida inminente del Reino de Dios, concepción tomada de la apocalíptica judía de su tiempo, pero hoy, según Schweitzer, esa idea ya no puede ser suscripta. En su cautivante análisis del pensamiento de Schweitzer y, apelando a una

---

7 Citado por Norman Cousins, *El doctor Schweitzer de Lambaréné*, Ediciones Selectas, Buenos Aires, 1961, pp. 134-135.

8 Albert Schweitzer, *The Quest of the Historical Jesus*, A & C Black, Londres, 1954, 3ra. ed., pp. 368-369, citado por Hoekema, *op. cit.*, p. 327.

metáfora botánica, Carl Braaten escribe:
> Como alguien dijo, Schweitzer no perteneció a su propia escuela. Luego de haber demostrado que el Jesús histórico es similar a una planta que creció en el suelo de la escatología, siguió diciendo que si la trasplantamos a un suelo moderno se marchita y muere. Debemos abandonar al Jesús histórico en su suelo escatológico fuera de su época; no hay posibilidad de crecimiento en nuestros jardines modernos. De modo que Schweitzer viró hacia el misticismo de la voluntad y se fue al África. Desde Schweitzer toda teología se ha visto obligada a tener en cuenta su descubrimiento, en la exigencia de atender a su base bíblica.[9]

Debemos destacar el esfuerzo de Schweitzer para entender el mensaje escatológico de Jesús, a pesar de que no podamos compartir ni sus presupuestos hermenéuticos ni su cristología. Podemos decir que, con este hombre excepcional, en la teología moderna hay un *antes* y un *después* respecto a la importancia que la escatología tiene para los teólogos. Con estas consideraciones, estamos en condiciones de abordar lo que sucedió con la escatología en el siglo 20.

Charles Harold Dodd (1884-1975), biblista británico, aporta una nueva e influyente corriente escatológica. Especialista en estudios neotestamentarios, Dodd comienza una escuela que a la postre se denominará "escatología realizada". Podríamos decir, sin incurrir en hipérboles, que todo cuanto produjo la pluma de Dodd fue importante, desde su libro *The Meaning of Paul for Today*,[10] pasando por *Las parábolas del Reino*,[11] *The Apostolic Preaching and its Developments*[12] y *According to the Scriptures* ("De

---

[9] Carl E. Braaten, *Escatología y ética*, La Aurora, Buenos Aires, 1977, p. 13. Para un análisis de la hermenéutica de Schweitzer vinculada a la escatología, véase Alberto F. Roldán, *Hermenéutica y signos de los tiempos*, Ediciones Teología y Cultura, Buenos Aires, 2016, pp. 141-155.

[10] Obra publicada por primera vez en 1920 y acaso la primera obra de Dodd traducida al castellano, publicada en 1963, en Buenos Aires, por La Aurora, con el título *¿Qué significa Pablo hoy?* Este dato no es consignado cuando se pasa revista a las obras de Dodd en castellano en *Interpretación del cuarto Evangelio* (Cristiandad, Madrid, 1978).

[11] La obra original en inglés data de 1935. La versión castellana, bajo este título, ha sido publicada por Cristiandad, Madrid, 1974.

[12] Traducción castellana: *La predicación apostólica y sus desarrollos*, Apostolado Prensa,

acuerdo con las Escrituras"), hasta llegar a los dos volúmenes sobre el Evangelio de Juan: *La interpretación del cuarto Evangelio* y *La tradición histórica en el cuarto Evangelio*.[13]

¿Cuál es la propuesta escatológica de Dodd? Dodd afirma que, con el ministerio de Jesús, el Reino de Dios, anunciado por los profetas del Antiguo Testamento, ha llegado, de modo que "el *ésjaton* se ha desplazado del futuro al presente, de la esfera de la expectación a la de la experiencia vivida".[14] Ante la pregunta: "¿En qué sentido Jesús declaró que el Reino de Dios estaba presente?", Dodd apela a las palabras de Jesús a Juan: "Los ciegos ven, los cojos andan, los que tienen lepra son sanados, los sordos oyen, los muertos resucitan y a los pobres se les anuncian las buenas nuevas" (Mt 11.5). Explica:

> Este es el punto de donde debe partir nuestra interpretación de la doctrina referente al reino de Dios. En ella, el ministerio de Jesús aparece como "escatología realizada", es decir, como el impacto producido sobre este mundo por los "poderes del mundo futuro" en una serie de hechos inéditos e irrepetibles que actúan en el presente.[15]

Observamos que la posición de Dodd está en abierta oposición respecto a la que sustenta Schweitzer. Mientras que para este último la escatología era algo del futuro, para Dodd ese futuro se ha corrido al presente, "se ha realizado ya", de manera que no debemos esperar nada más en el porvenir. Frente al hecho que algunas parábolas contienen fuertes notas escatológicas (p. ej., Mt 24.43-44 y Mr 13.33-37), Dodd sugiere que no deben interpretarse literalmente porque "parece posible dar a todas estas parábolas 'escatológicas' una aplicación dentro del contexto del ministerio de Jesús".[16]

Madrid, 1974.
13 Ambos publicados por Ediciones Cristiandad en 1978.
14 Charles H. Dodd, *Las parábolas del Reino*, Cristiandad, Madrid, 1974, p. 56.
15 *Ibid.*, p. 57.
16 *Ibíd.*, p. 166. Acaso como un matiz de la "escatología realizada", Joachim Jeremias ha propuesto, a manera de alternativa, una "escatología en curso de realización". Esta perspectiva puede verse en su obra *Las parábolas de Jesús*, 3ra. ed., Verbo Divino, Estella, 1974.

En síntesis, con Dodd tenemos una "escatología realizada" que no deja ningún lugar para el futuro. Se trata, de alguna manera, de una visión espiritualista del Reino, que no percibe una concreción más plena y más concreta en el futuro. Con todo, debemos reconocer el aporte de Dodd respecto a la validez y la importancia del Reino en la vida misma de Jesús, un aspecto descuidado en la perspectiva de Schweitzer.

Karl Barth (1886-1968), teólogo reformado suizo, destacó la importancia de la escatología hasta el punto de afirmar que "el cristianismo que no sea totalmente y en su integridad escatología, no tiene nada en absoluto que ver con Cristo".[17] ¿Cuáles son los énfasis de Barth en relación con la escatología? Tomando como marco de referencia su comentario a Romanos,[18] podemos encontrar varios elementos importantes. Uno de los primeros es la relación que Barth establece entre la esperanza y la parusía de Jesucristo. Esa relación aparece cuando comenta Romanos 5.2: "Nos gloriamos en la esperanza de la gloria de Dios". Barth dice que esto se refiere al "despuntar del 'Reino de los cielos'; la unificación entre el 'Aquí' y 'Allá', en la resurrección; es la unidad entre el hombre y Dios, en plena visibilidad (3, [22 y] 23). La unidad del 'Sí' y del 'No' divinos, en la segunda venida de Cristo, en la 'parusía'".[19]

Sin embargo, Barth desarrolla más sus ideas escatológicas cuando comenta Romanos 13.11-12. Allí Barth juega con los términos "tiempo" y "eternidad". Dice que "el reconocimiento del INSTANTE [ETERNO] precisa darse en algún momento de la temporalidad; es preciso que, en alguna ocasión, se dé 'el regreso' a la eternidad".[20] En ese contexto, y hablando del "retorno glorioso" de Jesucristo, Barth arriesga la hipótesis que no se trata de una "demora" por parte de Cristo: "No es el

---

17 Karl Barth, *Der Römerbrief,* (*Carta a los Romanos*), 2da. ed., 1922, p. 298.
18 Recientemente esta obra ha sido vertida tanto al castellano (*Carta a los romanos,* Biblioteca de Autores Cristianos, Madrid, 1998) como al portugués (*Carta aos Romanos,* Novo Século, San Pablo, 1999). En el presente trabajo citamos la versión en portugués basada en la quinta edición alemana.
19 *Ibíd.*, pp. 241-242.
20 *Ibid.*, p. 764.

RETORNO GLORIOSO que se demora, sino nuestro despertar".[21] Por lo tanto, insta a sus lectores a despertar, levantarse, recordar, porque de esa manera "estaremos aguardando el retorno glorioso de Jesucristo 'al final de los tiempos' o, en otras palabras, estaremos atribuyendo a nuestra existencia la seriedad que ella tiene; estaremos reconociendo a Jesucristo como Autor y Consumador [de todas las cosas]".[22]

En diálogo con colegas, y ante la pregunta sobre qué relación tiene la escatología y la acción política, Barth responde:

> Ahora, nosotros también decimos que Jesucristo es un Rey que ha venido una vez y vendrá otra vez. [...] Él vino; y por el hecho de que vendrá, somos santificados en el servicio de este Rey. Pero él vendrá otra vez: aquí entonces estamos situados en la escatología. Los cristianos aguardan en esperanza la nueva venida del mismo Rey. [...] Así, la teología es en sí misma acción política. [...] Usted no puede creer en el Reino que vino y que vendrá sin ser también un político. Cada cristiano es un político y la Iglesia que proclama el Reino de Jesucristo es en sí misma, política.[23]

A manera de síntesis, podemos apreciar que Barth afirma los grandes postulados de la escatología cristiana: parusía de Jesucristo, resurrección de los muertos, consumación del Reino de Dios. Con todo, su visión parece moverse dentro de un plano trascendental, ya que Barth habla de lo "ahistórico", "sobre-histórico" y "proto-histórico", expresiones que reducen la importancia de la historia misma como escenario escatológico.[24]

---

21 *Ibid.*, p. 767. De modo más sistemático, Barth desarrolla el tema de la segunda venida de Cristo en su *Church Dogmatics. The Doctrine of Reconciliation*, IV.3, trad. G. W. Bromiley, T. & T. Clark, Edinburgo, 1956.

22 *Ibid.*

23 Eberhard Busch, editor, *Barth in Conversation*, vol. 1, 1959-1962, trad. Center for Barth Studies Princeton Theological Seminary, Westminster John Knox Press, Louisville, 2017, p. 218.

24 Para un análisis del pensamiento escatológico de Barth, ver O. Cullmann, *Cristo y el tiempo*, Estela, Barcelona, 1968, pp. 49-56. Cf. Alberto F. Roldán, "La importancia del comentario de Karl Barth a la Carta a los Romanos" en *Reino, política y misión. Sus relaciones en perspectiva latinoamericana*, Ediciones Puma, Lima, 2011, pp. 93-101 y Alberto F. Roldán, "El comentario de Karl Barth a la Carta a los Romanos como un modelo preliminar de hermenéutica de texto" en *Hermenéutica y signos de los tiempos*, Teología

Es, en la interpretación de Berkouwer, una "escatología vertical" en la cual "no había fin para la historia en términos del tiempo en el plano horizontal, sino solamente un escatón vertical marcado por la crisis permanente de la vida y la gravedad real de la cercanía de Dios".[25] Volveremos a analizar el pensamiento de Barth cuando presentemos las escatologías de Moltmann y de Pannenberg.

Rudolf Bultmann (1884-1976), teólogo luterano, se destacó en el campo de la exégesis del Nuevo Testamento. Por lo osado de sus afirmaciones —o negaciones— dedicaremos un espacio más importante a la consideración de su escatología. Bajo la fuerte influencia del filósofo existencialista Martin Heidegger, y partiendo del presupuesto que el Nuevo Testamento está viciado de elementos mitológicos, Bultmann afirmó que, para entender su mensaje (*kerygma*), se debe proceder a una "desmitización" de su contenido. "Mito", para Bultmann, no es necesariamente algo no histórico, sino más bien un tipo de lenguaje no científico por el cual lo divino es expresado en términos humanos. ¿Qué nos dice Bultmann en cuanto a la escatología? Por supuesto, él no puede desconocer el fuerte contenido escatológico tanto del mensaje de Jesús en los Evangelios como de las epístolas, especialmente de Pablo y de Juan.[26] En un intento por resumir sus ideas, podemos decir que para Bultmann la escatología se reduce a una decisión existencial que puede acontecer como respuesta de fe al mensaje cristiano. Reconoce que tanto la resurrección de Jesús[27] como la fe, la paz y la alegría son acontecimientos

---

y Cultura Ediciones, 2016, pp. 159-178

25 G. C. Berkouwer, *The Return of Christ.*, Wm. Eerdmans Publishing Co., Grand Rapids, 1972, p. 342.

26 Para Bultmann, éstos son prácticamente los únicos teólogos que merecen ser considerados (Ver su *Teología del Nuevo Testamento*, Sígueme, Salamanca, 1981). Con esto, se justifica la crítica de Xavier Pikaza cuando dice que "Bultmann supone que sólo hay teología explícita allí donde el kerigma se interpreta en un contexto antropológico (Pablo y Juan). Pienso que eso es extremista. También hay teología allí donde la fe se expresa de otros modos, más ligados a la vida de Jesús o al desarrollo de la historia (Mc, Mt, Lc y Hch...)" (Bultmann, en la "Presentación de la edición castellana" de *Ibid.*, p. 30).

27 Bultmann no interpreta la resurrección de Jesús como un acontecimiento histórico concreto, sino como una "fe en la resurrección". Dice Bultmann: "*La resurrección de Jesús no puede ser un acto milagroso de autenticación*, sobre cuya base se pudiese enton-

escatológicos,[28] pero el enfoque existencial de su teología no le permite subrayar los aspectos futuros de la escatología. Para Bultmann, "lo decisivo en la predicación escatológica es el concepto vivo de Dios y la inteligencia que ella contiene de la existencia humana, no la fe en la inminencia temporal del fin del mundo"[29]. Comentando lo que tradicionalmente se ha interpretado como perspectiva escatológica de los mensajes de Jesús en el Evangelio de Juan,[30] Bultmann dice: "Estas últimas palabras no hablan de una parusía realista; [...] tampoco de una relación mística entre Jesús y los suyos. Todas estas palabras describen la existencia escatológica del creyente arrancada del mundo"[31]. Bultmann es enérgico al decir que "la *escatología mítica* está eliminada, fundamentalmente, por el simple hecho que la parusía de Cristo no ocurrió tan en breve como aguardaba el Nuevo Testamento. Al contrario, la historia mundial continuó y continuará —como está convencida toda persona de sano juicio"[32]. Estas palabras, además de revelar un rechazo de los alcances futuros de la escatología, manifiesta una crítica demasiado osada e irrespetuosa hacia quienes sí creen en esos alcances. Por la simple implicación de sus palabras, Bultmann está diciendo que quienes aceptan la parusía como un hecho futuro no pertenecen a las personas de "sano juicio".

A modo de evaluación general del pensamiento de Bultmann, debemos reconocer varias cosas positivas: por

---

ces creer en Jesús con certeza. No sólo porque es inverosímil como evento mítico —o retorno de un muerto a la vida del mundo inmanente (pues esa es la cuestión cuando el resucitado es reconocido con los sentidos físicos). No sólo porque la resurrección, por muchos que sean los testimonios, no puede ser constatada como un hecho objetivo, de modo que a partir de entonces se pudiese creer sin reservas y la fe poseyese una garantía segura" (Rudolf Bultmann, *Crer e compreender. Artigos Selecionados*, Walter Altmann, ed., Editora Sinodal, São Leopoldo, 1986, p. 42, énfasis original). Más adelante, Bultmann afirma: "Al sonar de la palabra, la cruz y la resurrección se tornan presentes, ocurre el ahora escatológico" (p. 44).

28 Ver Bultmann, *Teología del Nuevo Testamento*, pp. 389, 496 y 501.

29 *Ibid.*, p. 61.

30 Por ejemplo Jn 14.20, 23 y 15.3. En otra obra, Bultmann sintetiza: "Para Juan, la resurrección de Jesús, Pentecostés y la *parusía* de Jesús son un solo y el mismo acontecimiento..." (*Jesucristo y la mitología*, Libros del Nopal – Ediciones Ariel, Barcelona, 1970, p. 43.

31 Bultmann, *Teología del Nuevo Testamento*, p. 503.

32 Bultmann, *Crer e compreender*, p. 16.

un lado, su profesionalidad en términos de trabajo exegético riguroso, su énfasis en la fe como decisión y su creatividad para elaborar una teología del Nuevo Testamento en una vertiente existencial. No obstante, esto último, precisamente, torna reduccionista su teología. Nuestra crítica a Bultmann en este sentido no es una especie de aerolito que cae del cielo. Importantes teólogos y filósofos se han ocupado de analizar su teología y sus presupuestos hermenéuticos, así como también las consecuencias a las cuales conducen.[33] Hans Schwarz, teólogo luterano, se pregunta —con suficiente razón— "si el abordaje altamente individualista de Bultmann permite un involucramiento significativo con las cuestiones éticas y sociales de nuestra época"[34]. En la misma tónica, Moltmann dice:

> La interpretación que Bultmann hace de la escatología es correcta en su concentración en nuestra propia existencia individual, pero es ineficaz en su oscilante descuido de la historia del mundo y la historia de la naturaleza. Reemplazar la historia del mundo por la historicidad de la existencia no hace desaparecer la historia del mundo. Percibir el futuro como futuridad individual no hace desaparecer el futuro. Reemplazar "el Último Día" por mi propia muerte no provee de respuesta a la cuestión acerca del futuro de aquellos que han muerto.[35]

Desde América Latina, el teólogo Jon Sobrino critica a Bultmann por dos razones: "La escatología de Bultmann es, por lo tanto, a-social y nada tiene que ver con la construcción del reino de Dios, es también a-temporal y nada tiene que ver con

---

33 Entre otros, Karl Barth, Oscar Cullmann, Xavier Pikaza, Karl Jaspers, Jürgen Moltmann y Wolfhart Pannenberg, como se verá más adelante.

34 Hans Schwarz, "Escatología", en Carl E. Braaten & Robert W. Jenson, ed., *Dogmática Cristã*, Editora Sinodal, São Leopoldo, 1995, Vol. 2, p. 520.

35 J. Moltmann, *The coming of God. Christian Eschatology*, Fortress Press, Minneapolis, 1996, pp. 20-21. Parafraseando la síntesis del liberalismo teológico de Richard Niebuhr, consignada en nota 1 de este capítulo, podemos decir que, según la teología de Bultmann, *un Jesús meramente humano, que tenía serias dudas de su carácter de Mesías, redimiría a hombres sin cruz y sin resurrección, desafiándolos a un encuentro existencial con el mensaje del evangelio, que se torna escatón o momento decisivo cuando confronta al oyente moderno.*

un futuro que pudiese convertirse en plenitud"[36].

Paul Tillich (1886-1965), teólogo luterano alemán, fue también filósofo relacionado con la famosa Escuela de Frankfurt, un núcleo de filósofos y pensadores de la talla de Max Horkheimer, Eric Fromm y Theodor Adorno.[37] En su *Teología sistemática*, la escatología ocupa un lugar importante. Tillich relaciona la escatología con otras doctrinas cristianas:

> Dos doctrinas teológicas centrales se fundamentan en la doctrina de la creación: la encarnación y la escatología. Dios sólo puede aparecer en la finitud, si lo finito como tal no está en conflicto con Él. Y la historia sólo puede alcanzar su plenitud en el *eschaton*, si la salvación no presupone el elevarse sobre la finitud.[38]

Más adelante, Tillich define al *eschaton* como "la realización última en la que Dios lo es 'todo en todo'"[39]. Alineándose críticamente con la perspectiva de Dodd, dice:

> La aparición de Cristo es "escatología cumplida" (Dodd). Claro está que lo es "en principio", es decir, que constituye la manifestación del poder y el inicio de la plenitud escatológica pero es escatología cumplida, puesto que no podemos esperar ningún otro principio de plenitud.[40]

Al comparar la visión escatológica en los sinópticos con el Evangelio de Juan, Tillich afirma que en los primeros "Jesús se manifiesta a veces como el mero profeta que anuncia la llegada del reino que ha de venir y, a veces, como la figura central

---

36 Jon Sobrino, *Jesucristo liberador*, UCA, San Salvador, 1991, p. 195.

37 Paul Tillich fue tutor de Adorno para su tesis. Para más información sobre la participación de Tillich en esa escuela, ver el capítulo de Roberto Palermo, "uma organização itinerante: O Instituto de Pesquisa Social de Frankfurt", en Domenico De Masi, comp., *A Emoçãao e a Regra. Os grupos criativos na Europa de 1850-1950*, 3ra. ed., Editora Universidade de Brasilia, José Olympio Editora, Río de Janeiro, 1999, pp. 259-282. Allí el autor consigna que un argentino, Félix Weil, nacido en Buenos Aires en 1898, financió durante un tiempo la Escuela de Frankfurt con la fortuna que su padre había obtenido con la exportación de trigo desde Argentina a Europa.

38 Paul Tillich, *Teología sistemática*, Ediciones Ariel, Barcelona, 1972, Vol. I, p. 326.

39 *Ibid.*, p. 360.

40 Paul Tillich, *Teología sistemática*, Ediciones Ariel, Barcelona, 1973, Vol. II, p. 161.

del drama escatológico",⁴¹ mientras en el Evangelio de Juan "a veces repite estas afirmaciones escatológicas; pero otras veces las transforma en afirmaciones acerca de los procesos escatológicos que se desarrollan en su presencia en forma de juicio y salvación"⁴². Analizando la simbología escatológica y apocalíptica, Tillich juzga como símbolos la resurrección de Cristo, su ascensión a los cielos, el milenio, la segunda venida de Cristo y el juicio final.⁴³ Y concluye diciendo: "Esto completa nuestra revisión de los símbolos que corroboran el símbolo central de la resurrección de Cristo"⁴⁴. Esta decidida hermenéutica simbólica y, por lo tanto, no histórica justifica la crítica que le dirige Moltmann en el sentido que "un pansimbolismo (religioso) del lenguaje confunde al hombre actual con el hombre de la gloria futura y supone una patria de identidad (Ernst Bloch) donde existen apenas distancia y diferencia"⁴⁵.

Finalmente, a modo de evaluación, podemos decir que a pesar de todos sus esfuerzos por arraigar su escatología en la historia, Tillich termina por olvidar esta última o desvalorizarla. La experiencia de lo trascendente es para él una "epifanía del Eterno Presente". Esto significa, en la interpretación crítica de Etiene Higuet, "una manera de desvalorizar la historia"⁴⁶. En palabras de J. P. Gabus: "El ontologismo existencial de Tillich termina vaciando completamente la historia"⁴⁷.

Oscar Cullmann (1902-1999), en principio, coincide con la perspectiva de Dodd que ya estudiamos, pero solo en el sentido que en Cristo la escatología ha comenzado. Cullmann difiere de Dodd en que otorga a la escatología un cumplimiento futuro y acuña un binomio que ha llegado a caracterizar la

---

41 *Ibid.*, p. 183.
42 *Ibid.*
43 *Ibid.*, pp. 213-217.
44 *Ibid.*, p. 217.
45 Jürgen Moltmann, *Perspektiven der Theologie*, Munich/Maiz, 1968, pp. 99-100.
46 Etiene Higuet, "Escatología e teologia da ação: a teologia sistemática de Paul Tillich", *Revista Eclesiástica Brasileira*, Vol. 37 (Setiembre de 1977):564.
47 Citado en *Ibíd.*, p. 567.

escatología de muchos evangélicos: "Ya, pero todavía no", lo cual significa que el Reino de Dios y, por ende, la escatología, *ya* está presente, pero *todavía no* en plenitud. Dice Cullmann: "El *elemento nuevo* del Nuevo Testamento no es la escatología, sino lo que yo llamo *tensión* entre el decisivo 'ya cumplido' y el 'no cumplido todavía', entre el presente y el futuro. Toda la teología del Nuevo Testamento, incluyendo la predicación de Jesús, está caracterizada por esta tensión".[48] Cullmann utiliza reiteradamente en sus escritos la imagen de la II Guerra Mundial, afirmando que el "día D" ya se ha concretado en la cruz de Cristo, mientras aguardamos el "día V" de la victoria final. "Es ya el último tiempo, pero todavía no es el final. Esta tensión está marcada en toda la teología del cristianismo primitivo. La era presente de la Iglesia es el tiempo que separa la batalla que ya ha sido decisiva para el resultado de la guerra y el 'Victory Day'".[49]

La influencia de Cullmann ha sido bastante marcada en la teología evangélica latinoamericana. Por caso, C. René Padilla elabora su ponencia "el Reino de Dios y la Iglesia" adoptando ese esquema, para referirse a "la Iglesia y el 'ya' del Reino" y "la Iglesia y el 'todavía no' del Reino", y llega a afirmar: "A Cullmann le cabe el honor de haber ofrecido el estudio más completo del significado del Hecho de Cristo en relación con el concepto del tiempo que se refleja en el Nuevo Testamento"[50]. En su valoración del trabajo de Padilla, Ismael Amaya dijo: "Aunque Oscar Cullmann tuvo algunos precursores, no fue sino hasta la publicación de su libro *Cristo y el tiempo* que hubo un feliz encuentro entre el 'ya' y el 'todavía no', entre lo 'espiritual' y lo 'terrenal'".[51]

Sin embargo, no todos son aplausos para Cullmann. En tono crítico se ha dicho que la "solución" propuesta por Cullmann con su binomio "ya, pero todavía no" tiene la malhadada virtud de neutralizar el pasado con el presente, y viceversa. Uno de los

---

48 Oscar Cullmann, *Salvation in History*, Harper & Row, Nueva York, 1967, p. 172, citado por Hoekema, *op. cit.*, p. 337.
49 Oscar Cullmann, *Cristo y el tiempo*, p. 126.
50 C. René Padilla, "El Reino de Dios y la Iglesia", en C. René Padilla, et. al., *El Reino de Dios en América Latina*, Casa Bautista de Publicaciones, El Paso, 1975, p. 62.
51 *Ibid.*, p. 69.

críticos más enérgicos ha sido Jürgen Moltmann, quien señala que la postura de Cullmann manifiesta su debilidad en tres aspectos:[52] a) la imagen tomada de la II Guerra Mundial, que establece un paralelismo entre el "día D" y el "día V" no es feliz, ya que si el tiempo que media entre el primer día y el segundo es tan largo, hay razones para dudar hasta qué punto el "día D" fue tan decisivo; b) la noción de "tiempo lineal" (o linear) no es, en efecto, un dato bíblico, sino más bien un concepto de la ciencia moderna y, por lo tanto, no es aplicable en términos de la historia de la salvación; c) la teología de la historia de la salvación es una "teología del Iluminismo", emparentada con el Deísmo, en el cual Dios es una especie de relojero de la historia del mundo. Finalmente, Moltmann afirma que "la reducción de la escatología al tiempo en el sistema de la historia de la salvación realmente termina por abolir la escatología"[53]. Pero vamos a analizar ahora la propuesta escatológica del propio Moltmann.

Jürgen Moltmann (1926-), teólogo reformado que irrumpió al escenario teológico con su obra *Teología de la Esperanza*, constituye nuestra penúltima estación de esta recorrida histórica. Desde el comienzo, Moltmann critica los enfoques tradicionales que parten de la misma definición de "escatología", ya que, al ser ésta considerada como "doctrina de las últimas cosas", se concibe el último día como algo más allá de la historia o, en todo caso, sin significado orientador para el presente. Enfáticamente, dice Moltmann:

> El cristianismo es escatología; es esperanza, mirada y orientación hacia adelante, y es también, por ello mismo, apertura y transformación del presente. Lo escatológico no es algo situado *al lado del* cristianismo, sino que es, sencillamente, el centro de la fe cristiana, el tono con el que armoniza todo en ella, el color de aurora de un nuevo día esperado, color en el que aquí abajo está bañado todo.[54]

---

52 Resumo aquí sus ideas presentes en *The coming of God*, pp. 12-13.
53 *Ibid.*, p. 13.
54 Jürgen Moltmann, *Teología de la esperanza*, Sígueme, Salamanca, 1969, p. 20, énfasis original.

La escatología, en consecuencia, en vez de ocupar el lugar postrero de la teología, como habitualmente acontece en las teologías sistemáticas, debe ser su comienzo mismo. La misma palabra "escatología" es inadecuada, según Moltmann, porque no puede existir una "doctrina" acerca de las cosas finales, puesto que lo doctrinal es un conjunto de afirmaciones que surgen de experiencias que se repiten y que cualquier individuo puede tener. Por lo tanto, no es posible ningún *logos* sobre el futuro. Si el futuro trae algo nuevo y sorprendente, no es posible hablar nada de ese futuro. Sólo en lo que se repite permanentemente, en lo que acontece con regularidad es posible expresar una verdad a través de un discurso. Luego, Moltmann establece una clara distinción entre "enunciados doctrinales" y "enunciados de promesa". Estos últimos tienen que entrar en colisión con la realidad que se experimenta en el presente. Esos enunciados de promesa constituyen la posibilidad de experiencias nuevas.

Luego de un pormenorizado análisis crítico de las escatologías que se han presentado en la historia de la teología —de las que nosotros hemos hecho nuestra propia evaluación—, Moltmann sintetiza tres corrientes principales: a) una escatología cristiana enmarcada en el concepto de "historia de la salvación", cuyo representante más importante sería Oscar Cullmann; b) una escatología trascendental, de tipo barthiano; y c) una versión existencialista, para la que el *escatón* (lo final) no es otra cosa que el *kairós* (momento decisivo) que acontece como influencia del *kerygma* (la proclamación), de neto corte bultmanniano. A juicio de Moltmann, es necesario forzar y romper esos marcos de comprensión de la escatología porque son herederos del espíritu griego, con su énfasis en el discurso, cuando el lenguaje adecuado de la escatología cristiana no es ese, sino la promesa. Las concepciones criticadas por Moltmann carecen de fuerza y de carácter práctico para insertarse en la vida de la Iglesia e influir en la realidad del mundo, con el fin de transformarla.

¿Qué propone, entonces, Moltmann? En primer lugar, propone redefinir lo que es escatología. Señala que "en realidad, escatología significa doctrina acerca de la esperanza cristiana, la cual abarca tanto lo esperado como el mismo esperar vivificado por ello".⁵⁵ Moltmann niega la posibilidad de hablar de escatología donde el elemento de esperanza esté ausente. La esperanza cristiana surge del "Dios de la esperanza" y constituye el núcleo mismo de la escatología cristiana.

En segundo lugar, para Moltmann la escatología no es posible ni en el sentido griego ni en el sentido de la ciencia moderna. La escatología surge como un saber de esperanza. La fe y la esperanza son vivificadas por la promesa. La fe misma es esperanza, la cual es definida como "seguridad y confianza en el Dios que no mentirá, sino que será fiel a su palabra de promesa".⁵⁶

En tercer lugar, para Moltmann existen diferencias sustanciales entre la escatología profética y la escatología apocalíptica. Este aspecto lo enfocaremos con mayor detalle en el próximo capítulo.

En cuarto término, lo central de la escatología de Moltmann radica en el futuro de Jesucristo. El autor afirma que la tendencia escatológica de la revelación de Cristo se manifiesta en que la palabra de revelación es tanto *evangelion* (evangelio) como *epangelia* (promesa). De manera que el concepto de "promesa" se puede traducir como "futuro de Jesucristo" y es un elemento esencial y constitutivo de la auténtica cristología.⁵⁷ Moltmann critica los acercamientos a la cristología deficientes: por un lado, aquel que interpretó a Jesús desde el pensamiento griego, y por otro, aquel que se registra a partir de la Edad Moderna, que procura entender a Jesús a partir del ser humano en la historia. Como alternativa, Moltmann propone dos hechos de gran importancia teológica, los cuales deberían tomarse en serio para elaborar una cristología adecuada: a) quien resucitó a Jesús fue Yavé, el Dios de Abraham, Isaac y Jacob, el Dios de la promesa; y b) Jesús era judío, por lo cual la cruz y la resurrección deben entenderse en el contexto del conflicto

---

55 *Ibid.*
56 *Ibid.*, p. 53.
57 Para conocer mejor las relaciones entre escatología y cristología en Moltmann, ver su libro *El camino de Jesucristo: cristología en dimensiones mesiánicas,* Sígueme, Salamanca, 1993, especialmente el capítulo VII.

entre ley y promesa. Las tres realidades con las que se vincula ese "futuro de Jesucristo" son la justicia de Dios, la vida y el Reino de Dios. La promesa del Reino se concretará cuando todas las cosas consigan el derecho, la vida, la paz, la libertad y la verdad. Especificando mejor lo que entiende por "futuro de Jesucristo", Moltmann dice: "Cuando nosotros hablamos del 'futuro de Jesucristo', nos referimos a lo que otros denominan 'parusía de Cristo' o 'retorno de Cristo'. La parusía no significa propiamente el retorno de alguien que se ha ido, sino la 'llegada *inminente*'".[58]

En quinto lugar, podríamos denominar la escatología de Moltmann como "escatología de misión", especialmente misión abierta al futuro. En este sentido, Moltmann puntualiza su acercamiento hermenéutico a la Biblia: "Las Escrituras están abiertas al futuro, de igual manera que todas las promesas están abiertas al futuro".[59] Ese futuro que la Biblia insinúa es percibido como presente por la misión que interviene en la historia y su posible modificación, porque "misión", para Moltmann, no es algo que debe entenderse como algo universal, transhistórico, que se mueve en el fondo de la historia. Por el contrario, se trata de la misión concreta, presente, "la misión histórica que empuja hacia adelante".[60] Se trata, en suma, de una misión histórica que no sea mera teoría, sino una *praxis*, y como tal, deseosa de cambios, de transformaciones.

En sexto y último lugar, a partir de su más reciente obra *The Coming of God*, podemos decir que la escatología de Moltmann es divina y cósmica. En ese libro, donde el autor ofrece una sistematización más sólida sobre el tema, además de hacer una evaluación pormenorizada de las varias escatologías de las últimas décadas, analiza el renacimiento del pensamiento mesiánico en el judaísmo.[61] Moltmann define el carácter divino de su escatología cuando afirma:

> La venida de Dios significa la venida de un ser que no muere más y un tiempo que no desaparece. Lo que

---

58 Moltmann, *Teología de la esperanza*, p. 295.
59 *Ibid.*, p. 367.
60 *Ibid.*, p. 368.
61 Particularmente se refiere a Ernst Bloch, Franz Rosenzweig y Walter Benjamin, entre otros. Ver J. Moltmann, *The Coming of God*, pp. 29-43.

viene es vida eterna y tiempo eterno. En la escatología que viene, Dios y tiempo son unidos de tal manera que el ser de Dios en el mundo tiene que ser pensado escatológicamente y el futuro del tiempo debe ser comprendido teológicamente.[62]

Moltmann nos invita a repensar la escatología desde una perspectiva cósmica, porque de otro modo estaríamos expresando una doctrina gnóstica de redención, donde la redención *del* mundo se transforma en redención *desde* el mundo, y la redención del cuerpo, en liberación del alma de la prisión del cuerpo. Por el contrario, "hombres y mujeres no son aspirantes a un *status* angelical, cuyo hogar está en el cielo y que sienten que en esta tierra están en exilio. Ellos son criaturas de carne y sangre. Su futuro escatológico es un futuro humano y terreno: 'la resurrección de los muertos y la vida del mundo venidero'".[63]

A modo de evaluación final sintetizamos cinco aspectos de la escatología de Moltmann. En primer lugar, la misma representa un aporte significativo al tema porque subraya el elemento de "esperanza" como clave hermenéutica. En esto Moltmann revela la influencia de Ernst Bloch y su *principio esperanza*, con el cual entró en fecundo diálogo.[64] En segundo lugar, Moltmann realiza una crítica adecuada a las escatologías que se gestaron en el siglo 20, a las que considera insuficientes. En tercer lugar, Moltmann propone reubicar la escatología en un primer momento del quehacer teológico, sacándola del marasmo en el que se encontraba a modo de apéndice de las teologías sistemáticas. En cuarto lugar, la escatología de Moltmann

---

62 *Ibid.*, p. 23.

63 *Ibid.*, p. 259.

64 El libro principal de Ernst Bloch se titula *El principio esperanza*, una obra en la que el filósofo judío alemán incluye en sus consideraciones a la escatología judeocristiana. En efecto, sostiene que la resurrección y la apocalíptica surgen en el libro de Daniel y agrega: "el mundo del Apocalipsis en el que desemboca el judaísmo ulterior hubiera aparecido a los ojos de sus fieles como insignificante y carente de subjetividad, si no hubiera tenido por objeto y no hubiera descrito una asamblea resucitada de todos los hombres desde Adán". Ernst Bloch, *El principio esperanza* 3, trad. Felipe González Vicén, Editorial Trotta, Madrid, 2007, p. 231- Para una interpretación del pensamiento filosófico marxista de Bloch, ver Pierre Furter, *Dialéctica de la esperanza*, La Aurora, Buenos Aires, 1979, traducción del portugués, realizada por un equipo bajo la supervisión del autor.

pretende insertarse en la realidad histórica no para teorizar sobre ella sino para transformarla con la praxis que surge del Dios de la promesa. Esta evaluación armoniza con la de Jon Sobrino, quien destaca la escatología de Moltmann porque en ella "la esperanza se relaciona con el futuro no sólo 'expectantemente', sino 'práxicamente', actuando contra la miseria del presente; es, pues, esperanza práxica. Y esa praxis se dirige a la transformación no sólo de la persona-individuo, sino de la sociedad como tal..."[65] En quinto y último lugar, la escatología de Moltmann pugna por ser una de alcances cósmicos, superando la doctrina gnóstica de la redención, que tanta influencia ejerciera a través de los siglos en el pensamiento cristiano. En este sentido, nos parece una escatología abarcadora, ya que incluye no sólo la salvación "del alma" sino la de toda la persona, la glorificación del pueblo de Dios y la reconciliación de toda la creación en Jesucristo.

Wolfhart Pannenberg (1928-2014), considerado uno de los teólogos sistemáticos más importantes de la actualidad, merece un análisis pormenorizado de su pensamiento en torno a la escatología. Esta última estación de nuestro recorrido histórico tiene como objetivo bosquejar las líneas directrices de su pensamiento escatológico. Le dedicaremos un espacio un poco más extenso porque nos parece que representa una especie de evaluación de las escuelas anteriores y el cierre de un ciclo. Nos referiremos, especialmente, al capítulo 15 de su obra *Systematic Theology*, volumen 3, titulado: "La consumación de la creación en el Reino de Dios".

En la primera parte de su trabajo Pannenberg formula lo que podríamos denominar su "epistemología escatológica". Se refiere a tres aspectos: la escatología y el señorío de Dios, el modo de establecer las declaraciones escatológicas, y la

---

[65] Jon Sobrino, *op. cit.*, p. 204. Andrés Torres Queiruga entiende la obra de Moltmann como una respuesta adecuada al desafío de Marx, "rescatando la escatología de su prisión puramente simbólica y sembrándola en la operatividad de la historia, como un compromiso con el pobre, el oprimido y aun el muerto" (*Repensar la cristología. Sondeos para un nuevo paradigma*, Verbo Divino, Estella, 1996, p. 168). Para una visión crítica de la propuesta de Moltmann, ver Rubem Alves, *Religión: ¿opio o instrumento de liberación?*, Tierra Nueva, Montevideo, 1970, pp. 82-101. Para un análisis profundo de la escatología de Moltmann, véase Richard Bauckham, editor, *God will be all in all. The Eschatology of Jürgen Moltmann*, Fortress Press, Minneapolis, 2001.

relación entre la escatología universal e individual y la obra del Espíritu Santo en la consumación de la creación. Su afirmación inicial es que "el futuro del Reino de Dios, por cuya venida los cristianos oran en las palabras de Jesús (Mt 6.10), es el epítome de la esperanza cristiana".[66] Le llama la atención que un tema tan central como el Reino de Dios no haya jugado un papel dominante en la escatología cristiana, como se podría esperar. Luego de rastrear algunas menciones del Reino en la patrística y en el escolasticismo, Pannenberg destaca que "sólo en la teología federal de Johannes Cocceius el Reino de Dios viene a ser considerado otra vez como un tema dominante de la salvación y de la escatología".[67]

¿Por qué es importante la escatología? Nuestro autor sostiene: "Porque Dios y su señorío forman el contenido central de la salvación escatológica, la escatología no es el tema de un simple capítulo en la dogmática; ella determina la perspectiva de la doctrina cristiana como un todo".[68] Pero, ¿cuál es la relación entre Reino y escatología? Pannenberg apunta a su idea fuerza o paradigma propio de su teología, es decir, la revelación de Dios en la historia.[69] La venida del Reino es el fundamento del

---

66 Wolfhart Pannenberg, *Systematic Theology*, Wm. Eerdmans Publishing Co., Grand Rapids, 1998, Vol. 3, p. 527. Traducción castellana: *Teología sistemática*, Universidad Pontificia Comillas, Madrid, Vol. I y II, 1992 y 1996. En el presente trabajo citamos de la versión en inglés, no sólo por disponer de ella sino por la solvencia que en este campo tiene su traductor, Geoffrey Bromiley, reconocido teólogo que vertiera al inglés, entre otras obras, la *Church Dogmatics* de Karl Barth.

67 Ibíd., p. 530. Pannenberg cita la obra de Cocceius *Summa doctrinae de foedere et testamento Dei*, de 1660.

68 Ibíd., p. 531. Pannenberg apunta el dato interesante que un tal Calov parece haber sido el primero en usar el término *escatología* como título del volumen XII de su *Systema*, obra que se remonta a Wittenberg, 1677.

69 En nuestro ensayo "La revelación de Dios: un recorrido crítico" (Londrina, 2000, trabajo inédito) destacamos el aporte de Pannenberg con su concepto de *prolepsis*, que apunta a la resurrección de Jesucristo como evento escatológico proléptico, es decir, que anticipa el futuro. La revelación de Dios en la historia, según Pannenberg, significa considerar la historia toda como el escenario del despliegue revelador de Dios a toda la humanidad. Para más datos, ver Wolfhart Pannenberg, et. al., *La revelación como historia*, Sígueme, Salamanca, 1977, especialmente las secciones del propio Pannenberg: Introducción y capítulo IV: "Tesis dogmáticas sobre la doctrina de la revelación". Esta obra conjunta representa el punto de partida para esta nueva escuela teológica iniciada por Pannenberg quien, entre otras características, presenta una revisión crítica de las perspectivas de Barth y de Bultmann sobre el tema, el primero con una visión demasiada

mensaje de Jesús y, por lo tanto, sin la concreción de ese futuro, ese mensaje pierde su base. Pannenberg afirma que "el futuro del Reino de Dios ya está presente, por la obra de Dios, entre quienes creen en él y su mensaje, así como está el poder de cambiar su vida sobre la tierra. Esto se ha manifestado en el evento de la resurrección de Jesús".[70] Este hecho constituye para Pannenberg el aspecto proléptico de la acción de Dios, es decir, el futuro se anticipa en el acto de la resurrección de Jesús.

Pannenberg formula una crítica tanto a Barth como a Bultmann cuando dice que en ellos

> la concentración sobre la constitutiva realidad de Dios en relación con el presente reemplaza la escatología bíblica del futuro. Como resultado, este tipo de escatología pierde su estructura específicamente temporal, su tensión relativa a la consumación futura. En consecuencia, sus contenidos funcionan más como metáforas o como "míticas" concepciones de una interpretación escatológica.[71]

Por su parte, Moltmann recupera el carácter central del concepto bíblico de "promesa" para el pensamiento escatológico. Según Pannenberg, Moltmann interpretó "el actual evento de salvación en Jesucristo como promesa y así integró este evento en la historia bíblica de la promesa".[72] Es importante consignar una nota crítica que nuestro autor formula a Moltmann y su *Teología de la esperanza* en relación con la resurrección de Jesús. Según Moltmann, la resurrección de Jesús estaba presente en los creyentes como promesa. De esta manera, Moltmann evade el carácter histórico de la resurrección, de manera que, según su perspectiva, "podemos llamar 'histórica' a la resurrección de Jesús de entre los muertos sólo a la luz de la promesa, es decir,

---

autoritaria y verticalista de la revelación, y el segundo con un método de desmitización que deja de lado la base histórica del evangelio y, por ende, de la revelación.

70 *Systematic Theology*, Vol. 3, p. 531.

71 *Ibíd.*, p. 537. El propio Pannenberg encara un análisis crítico del concepto de "mito" y su influencia en la teología en su ensayo "Cristianismo y mito", en *Cuestiones fundamentales de teología sistemática*, Sígueme, Salamanca, 1974, pp. 277-351.

72 *Ibíd.*, p. 538.

definimos la historia de Jesús en términos del escatón".⁷³

Ya entrando en los fundamentos bíblicos de la escatología, Pannenberg adopta el famoso binomio de Cullmann cuando se refiere a "la distintiva tensión entre el ya y el todavía no que es típica de la situación de la comunidad cristiana".⁷⁴ Destaca a Jesucristo como la base de la esperanza de la comunidad que mira hacia la consumación de lo que ha de venir. Pannenberg cita los textos paulinos de 2 Corintios 1.20 y Romanos 15.8 para destacar que las promesas de Dios no sólo son Sí y Amén en Jesucristo, sino que también han sido fortalecidas por él.⁷⁵

Luego, Pannenberg se refiere a la relación entre la escatología individual y universal, y la obra del Espíritu en la consumación de la creación. Es aquí, en el énfasis pneumatológico de su escatología, donde nos parece que este autor desarrolla una mayor creatividad. Pannenberg destaca la superioridad de la escatología bíblica sobre formas secularizadas de esperanza en la consumación de la sociedad, especialmente la del marxismo, para el cual "desde la creación de un orden verdaderamente justo de vida social por alguna futura generación podemos esperar el cumplimiento del destino social de la humanidad..."⁷⁶ La pregunta válida de Pannenberg es: ¿cómo los individuos de generaciones anteriores, quienes todavía son miembros de la raza humana, podrán compartir este futuro cumplimiento de su destino? "La esperanza escatológica de la Biblia confía en la justicia y la fidelidad de Dios y está orientada hacia el fin futuro de sus caminos con su creación y con su pueblo".⁷⁷ Es importante destacar un hecho: esta crítica de Pannenberg al marxismo no es resultado del actual colapso del socialismo real

---

73 *Ibíd.*, nota 53. Para un análisis pormenorizado a favor del carácter verdaderamente histórico de la resurrección de Jesús, ver del propio Pannenberg, *Jesus-God and Man*, The Westminster Press, Filadelfia, 1977, pp. 53-114 (versión castellana: *Fundamentos de cristología*, Sígueme, Salamanca, 1974). Una evaluación positiva de esta perspectiva puede verse en la obra del colega y amigo español Andrés Torres Queiruga, *Repensar la cristología. Sondeos para un nuevo paradigma*, Verbo Divino, Estella, 1996, pp. 157-177.

74 *Ibíd.*, p. 545.

75 En la edición en inglés, hay un error en la cita del texto paulino. En lugar de 1Co 1.20, como aparece, debe leerse 2Co 1.20.

76 *Ibíd.*, p. 549.

77 *Ibíd.*, p. 550.

de Europa del Este. Sólo una lectura superficial de sus obras podría conducir a esa conclusión. Es cierto que el volumen 3 de su *Systematic Theology*, que estamos considerando, fue publicado originalmente en alemán en 1993, pero ya en otras obras pioneras de su pensamiento, como *Teología y Reino de Dios*, nuestro autor enunciaba esas críticas. Escribía Pannenberg:

> El error de los marxistas no radica en sus análisis de la función social de las iglesias o de otras comunidades religiosas. El error de los marxistas se encuentra, más bien, en la ilusión de que la sociedad verdaderamente humana pueda ser realizada definitivamente por los hombres y, ciertamente, en un proceso histórico relativamente corto.[78]

No nos parece un tema menor el hecho que estas críticas datan de comienzos de la década de 1970, es decir, se realizaron en pleno auge del marxismo a nivel mundial y no son un simple aprovechamiento coyuntural del colapso experimentado por esa ideología e interpretación socioeconómica.

Los últimos tramos de esta primera sección de la escatología pannenbergiana los ocupa el Espíritu Santo. En una reflexión sobre Romanos 8, Pannenberg sostiene que a partir del Espíritu de Dios el mundo cristiano espera el cumplimiento escatológico en los creyentes, que consistirá en

> la transformación de nuestra vida mortal para una nueva vida de la resurrección de los muertos (Ro 8.11); y la espera por parte de la creación de la manifestación de los hijos de Dios (v. 19) sugiere que su propia corruptibilidad será vencida por el poder del Espíritu creador de vida mientras el mundo es transformado para una nueva creación de los cielos nuevos y la tierra nueva, tal como la primera creación ya fue creada por el poder del Espíritu (Gn 1.2).[79]

Esta vinculación entre pneumatología y escatología es un énfasis que consideramos de gran importancia, pocas veces

---

78 Wolfhart Pannenberg, *Teología y Reino de Dios*, Sígueme, Salamanca, 1974, p. 55. El original alemán de esa obra se titula *Theologie und Reich Gottes* y data de 1971.
79 *Systematic Theology*, Vol. 3., p. 551.

subrayado. Pannenberg explica esa relación, destacando que la consumación escatológica "es adscripta al Espíritu, quien como un don del tiempo final ya gobierna el presente histórico de los creyentes".[80] Este enfoque tiene relación con el paradigma que Pannenberg ha aplicado a todo su sistema teológico, de modo que así como la resurrección es un evento *proléptico* que anticipa el futuro del mundo en el propósito de Dios, también la consumación escatológica debe entenderse como "una manifestación proléptica del Espíritu, quien en el futuro escatológico transformará a los creyentes y con ellos a toda la creación para la participación de la gloria de Dios".[81]

3. Escatología y agonía del mundo

Luego de este panorama histórico de cómo fue emergiendo la escatología, especialmente en el siglo 20, corresponde preguntarnos: ¿qué tiene que ver la historia del mundo y la situación de éste hoy con la reactualización de lo escatológico? El tema es atrayente, cautivante, pero al mismo tiempo puede transformarse en una especie de fiebre apocalíptica. Es importante, por eso, analizar la cuestión con serenidad y mesura, sin caer en la vorágine de especulaciones, propia de lo que se ha dado en llamar "escatología ciencia-ficción", de la que nos ocuparemos en el capítulo 3.

Para no remontarnos demasiado atrás en la historia, en 1972 hubo un famoso informe del llamado *Club de Roma*, que advertía: "Si las actuales tendencias de población, industrialización, contaminación, producción de alimentos y agotamiento de los recursos continúan sin cambios, los límites del crecimiento en este planeta serán alcanzados durante los próximos cien años".[82] Junto con los grandes avances que la industrialización y la ciencia nos han provisto, han venido también problemas

---

80 *Ibíd.*, p. 553.
81 *Ibíd.*
82 Citado por Krishan Kumar, "El Apocalipsis, el milenio y la utopía en la actualidad", en Malcolm Bull, comp., *La teoría del apocalipsis y los fines del mundo*, Fondo de Cultura Económica, México, 1998, p. 238.

de población, de contaminación del aire, los ríos y los mares, y la difusión de enfermedades y epidemias antes desconocidas. Analizando el fenómeno desde la perspectiva de una teología de la creación, Moltmann dice:

> Se trata de un fatídico círculo vicioso por el que la sociedad humana daña el medio ambiente natural, y la consiguiente muerte de los árboles, a su vez, daña al hombre. La creación de la moderna sociedad industrial por parte de los hombres conduce al agotamiento de la naturaleza.[83]

Las causas de esta situación hay que rastrearlas a partir de una deficiente visión de la misión del hombre en el mundo. Ya en Génesis 2, el hombre es ubicado en un huerto para cultivarlo y cuidarlo, pero por influencias diversas —entre las que debemos mencionar la perspectiva mecanicista respecto a la naturaleza, por la cual lo que importa son las cosas en sí y el dominio sobre ellas—, no se tiene en cuenta las relaciones entre las cosas mismas, ni entre el sujeto humano y la naturaleza. Aplicado al tema que nos ocupa, se pensó —erróneamente— que los recursos naturales eran inagotables en sí mismos, por lo cual se podía hacer uso indiscriminado de los mismos, frente a un espejismo que indicaba su renovación constante e imparable. Sin embargo, hoy asistimos, azorados, a una sistemática destrucción de bosques, como la Amazonía, que no sólo daña los árboles, sino que modifica sustancialmente la ecología y provoca alteraciones graves en el entorno. El hombre se ha convertido en explotador de la naturaleza, en lugar de ser el mayordomo de la misma. Los resultados están a la vista.[84]

Junto a los problemas ecológicos que preanuncian un final más o menos cercano del mundo, debemos mencionar otros problemas internacionales, guerras, desintegraciones y enfrentamientos étnicos, desempleo y hambre. La llamada

---

[83] Jürgen Moltmann, *La justicia crea futuro. Política de paz y ética de la creación en un mundo amenazado*, Sal Terrae, Santander, 1992, p. 77.

[84] El actual presidente estadounidense Donald Trump anunció en 2017 la salida de Estados Unidos del Acuerdo de París sobre el calentamiento global. En la reunión del G20 celebrada en Buenos Aires del 29 de noviembre al 1 de diciembre de 2018 reiteró su posición sobre el tema.

"guerra fría" —una especie de "equilibrio del terror" fundado en el armamentismo—, que representaba un mundo bipolar con los Estados Unidos enfrentados a la URSS, dejó lugar, previa caída del muro de Berlín y desintegración del bloque socialista, a un mundo unipolar, acaso más inquietante que el anterior. Para analistas funcionales al sistema capitalista norteamericano, como es el caso de Francis Fukuyama, esta situación debería ser aceptada casi pasiva y hasta favorablemente porque, según sus coordenadas hermenéuticas, sería "el fin de la historia", puesto que el triunfo del capitalismo representa la última etapa de la historia. Según el profesor Fukuyama, habríamos entrado en un camino sin retorno, por lo cual nos invita a aceptar los hechos casi con resignación, porque —profetiza— "en el período poshistórico no habrá arte ni filosofía sino, tan sólo, la perpetua atención al museo de la historia humana".[85]

Es necesario poner en evidencia la hipocresía que muchas veces se esconde tras estas coordenadas filosóficas y socioeconómicas, porque —por lo menos hasta hoy— su aplicación no ha sido eficaz para solucionar los aflictivos problemas de las masas humanas que viven en la miseria y el desamparo. El "capitalismo salvaje" ha sido instalado a nivel planetario como una cuestión que no admite alternativas, como si no existiera otro camino para las sociedades. La "libertad" que propone este capitalismo se convierte en libertad para que los ricos sigan siendo más ricos, las clases medias tiendan a desaparecer y los pobres vivan sumergidos en condiciones infrahumanas. Analizando el postulado de Fukuyama, dice el pensador argentino Santiago Kovadloff:

---

[85] Francis Fukuyama, "The End of History?", citado por Kumar, *op. cit.*, p. 242. Traducción castellana: "¿El fin de la historia?", en *Doxa, Cuadernos de ciencias sociales*, 1990, Año 1, Nro. 1. Posteriormente, Fukuyama publicó el libro que se titula *El fin de la historia y el último hombre*. Fukuyama publicó otro libro, titulado *La gran ruptura*, en el que advierte acerca de lo que denomina "hiperindividualismo", el cual, según su perspectiva, resulta insoportable, y del cual hay que huir. Pedro Casaldáliga, teólogo y poeta español radicado en Brasil, dice en términos enérgicos: "La *mundialización* se está imponiendo como neoliberal, de sistema único, de mercado total, mercantilizador de la vida humana, idólatra, de una escatología inmediatista en un estúpido 'fin de la historia', inmolador de las mayorías en las garras del progreso consumista, privatizador de la sociedad, sin alternativa socializadora posible" *(Nossa espiritualidade,* 2da. ed., Paulus, San Pablo, 1998, p. 16).

Su expansivo optimismo (¿o expansionista?) se derrama a lo largo y a lo ancho de este fatigado escenario cósmico en el que nos aglomeramos. Su vocación totalizadora (¿o totalitaria?) desafía, con la contundencia de sus definiciones, el parecer de aquella inmortal cuarteta que supo ofrendarnos Carlos Drummond de Andrade: *"Mundo, mundo, vasto mundo,/ Si yo me llamara Raimundo/ Sería una rima,/ No sería una solución".*[86]

En conclusión, los problemas ecológicos, el armamentismo, sumado al deterioro ambiental causado por la contaminación atmosférica e hídrica y explotación indiscriminada de bosques naturales, reactualizan la escatología cristiana al hacernos pensar que atravesamos tiempos finales. Precisamente, el pensador argentino Ernesto Sábato, luego de comparar los cambios estructurales en la historia, como el pasaje de la Roma imperial al feudalismo, y el de la Edad Media al capitalismo,[87] opina respecto al orden actual: "Me atrevo a pensar que es más grave porque es absoluto, ya que la vida misma del planeta está en juego".[88] En otros términos, se trata del denominado "problema ecológico" de enormes dimensiones que hoy pone en serio riesgo la vida misma de la tierra en su múltiple diversidad. En las últimas décadas, la teología cristiana ha dedicado esfuerzos a estudiar el tema inaugurando un nuevo departamento a su interés: la ecoteología. De la salvación individual de la Edad Media ("salva tu alma") se pasó después a la salvación de la sociedad como un todo y ahora, dramáticamente, nos preguntamos si habrá vida en el planeta. Trabajos individuales

---

86 Santiago Kovadloff, *Sentido y riesgo de la vida cotidiana*, Emecé, Buenos Aires, 1998, pp. 50-51.

87 Para un análisis profundo del desarrollo del capitalismo vinculado a la crítica de Lutero hacia el naciente sujeto del dinero, véase Ulrich Duchrow, "El posicionamiento de Lutero hacia el individualismo del moderno sujeto del dinero" en Martín Hoffmann, Daniel C. Beros y Ruth Mooney, editores, *Radicalizando la Reforma. Otra teología para otro mundo*, Ediciones La Aurora-SEBILA-UBL, Buenos Aires-San José (C. Rica), 2016, pp. 159-208.

88 Ernesto Sábato, *La Resistencia*, Seix Barral, Barcelona, 2000, p. 115. Analizamos con más profundidad el pensamiento de Sábato en el capítulo 6 de esta segunda versión del libro.

como los de Jürgen Moltmann,[89] Leonardo Boff,[90] Howard A. Snyder[91] y grupales como los de AIPRAL-ISEDET[92] y de la UBL[93] son contribuciones importantes a este tema crucial: la vida del planeta que debe ser incorporado, definitivamente, a la agenda de la misión de la Iglesia. Como describe acertada y enfáticamente Daniel Beros:

> Tanto en la violencia estructural que sufre la mayor parte de la humanidad, que se expresa en explotación, marginalización y muerte, como en la creciente destrucción de los ecosistemas y de la biodiversidad de la tierra, se revela la amenaza que, si bien se percibe en forma concreta y mayoritaria en los márgenes del "sur global", se extiende sobre el mundo y la vida en su conjunto: su completa destrucción.[94]

El teólogo brasileño Luiz Carlos Susin muestra los efectos devastadores de la modernidad que han llevado a la destrucción del ecosistema:

> La historia humana, sobre todo la modernidad, con sus trazos devastadores de antropocentrismo, de androcentrismo y patriarcalismo, precisa urgentemente reconciliarse con la historia del cosmos, de los ecosistemas vivos. Precisa aprender el lenguaje de la ecología y volver a amar las criaturas superando el tratamiento reduccionista a meras cosas y materias disponibles.[95]

También Andrés Kirk destaca el aporte que puede hacer el mensaje apocalíptico comparando tanto el contexto del

---

89 Jürgen Moltmann, *La justicia crea futuro. Política de paz y ética de la creación*, trad. Jesús García-Abril, Sal Terrae, Santander, 1992.

90 Leonardo Boff, *Saber cuidar. Ética do humano-compaixão pela terra*, 12a. edición, Editora Vozes, Petrópolis, 2004.

91 Howard A. Snyder con Joel Scandrett, trad. Raúl Padilla, Buenos Aires, Ediciones Kairós, 2016.

92 René Krüger, Gerardo Oberman, Sergio Bertinet y Germán Zijlstra, *Vida plena para toda la creación*, AIPRAL-Instituto Universitario Isedet, Buenos Aires, 2006.

93 Martín Hoffmann, Daniel C. Beros y Ruth Mooney, editores, *Radicalizando la Reforma*, especialmente el capítulo de Daniel C. Beros, "El límite que libera: La justicia 'ajena' de la cruz como poder de vida. Implicaciones teológico-antropológicas de una praxis política emancipadora", pp. 209-234

94 *Ibíd.*, p. 212. Cursivas originales.

95 Luiz Carlos Susin, *Op. Cit.*, p. 66.

Imperio Romano como el actual. Dice que en ese mensaje
> Se hace hincapié en la opresión de los pueblos y la destrucción de la naturaleza, ambas causadas por el imperio romano (*pax romana*) e identifica al poder que las ejecuta como la personificación del brazo derecho de Satanás. La literatura apocalíptica ofrece otra estrategia: junto a la lucha moral y política contra las estructuras de la muerte *debe haber una lucha espiritual y cultural*.[96]

Ya a finales del siglo 20 el uruguayo Eduardo Galeano decía: "La sombra del miedo muerde los talones del mundo, que anda que te anda a los tumbos, dando sus últimos pasos hacia el fin de siglo".[97] Siguiendo con las metáforas, podemos concluir afirmando que los hechos que hemos comentado nos hacen percibir, cada vez con mayor nitidez, el ruido que producen los cascos de los caballos del Apocalipsis.

---

[96] Andrés Kirk, *La misión cristiana bajo la lupa*, Buenos Aires: Ediciones Kairós, 2011, p. 33.
[97] Eduardo Galeano, *Patas arriba. La escuela del mundo al revés*, 2da. ed., Catálogos, Buenos Aires, 1999, p. 169.

II

Escatología, profecía y apocalíptica

> Quien lee lo que cuenta el Nuevo Testamento sobre las calamidades postreras, sobre el oscurecimiento de la tierra y de la luna, sobre la caída de las estrellas y las sacudidas de los cuerpos celestes, y cree tener ante él unos presagios exactos del fin del mundo o, al menos, del fin de nuestro planeta, no ha comprendido esos textos.
>
> Hans Küng

Un fenómeno muy común en la experiencia humana consiste en modificar gradual y sistemáticamente el sentido de las palabras. Cuando se modifica el sentido de un vocablo determinado por su uso indebido, tal modificación termina por imponerse, de tal modo que dicho término ya no comunica la misma idea que en sus comienzos. Esto es lo que acontece con las palabras "profecía" y "apocalíptica", relacionadas con el segmento de conocimientos teológicos que llamamos "escatología". La carencia de precisión en el uso de estos términos conduce a equívocos y errores. Por ejemplo, cuando usamos la palabra "apocalíptico", muchos piensan de inmediato que se trata de "catástrofes, guerras y muerte". Pero, ¿es ese el significado de "apocalíptico"? Sucede algo parecido con la palabra "profecía". La idea que viene a nuestras mentes, apenas pronunciada, es "predicción", "anticipación del futuro". Sin embargo, como veremos, la idea básica de "profecía" no tiene que ver con eso. Comenzaremos por definir "escatología", para luego referirnos a "profecía" y "apocalíptica", términos que tienen vinculación entre sí, pero que no son sinónimos.

1. Escatología: el estudio de "lo último"

Etimología bíblica

Como quedara implícitamente expuesto en el capítulo anterior, la expresión "escatología" viene de dos vocablos griegos: *esjatos* ("lo último", "lo final") y *logia* (de *logos*, "palabra", "discurso", "tratado"). Luego, "escatología" significa el discurso teológico que trata de las cosas últimas o finales de la historia del hombre y el mundo. En algunas teologías sistemáticas el apartado referido a las "cosas últimas" aparece bajo el término *novísimos*, las cosas nuevas en relación con el hombre y el mundo.

La escatología en el Nuevo Testamento

El uso del término *esjatos* en el Nuevo Testamento es bastante frecuente. Por ejemplo, aparece con referencia a cosas, situaciones o personas que son consideradas "últimas", pero no en un sentido propiamente teológico. He aquí algunos ejemplos: "… hasta que pagues el último centavo" (Mt 5.26 NVI); "… el estado postrero de aquella persona" (Mt 12.45); "Así que los últimos serán primeros, y los primeros, últimos" (Mt 20.16); "En el último día, el más solemne de la fiesta…" (Jn 7.37).

Antes de pasar a la escatología en las epístolas, debemos citar el famoso "sermón escatológico" de Jesús en Mateo 24 y pasajes paralelos (Mr 13.3-23 y Lc 21.7-24). Este sermón de Jesús, llamado también por algunos exégetas "pequeño apocalipsis", ha dado lugar a las más diversas interpretaciones. Sin poder ni siquiera hacer mención de ellas, sólo nos permitimos decir que lo importante es tener en cuenta el motivo que suscitó este mensaje de Jesús, así como su contexto histórico. La pregunta de Mateo 24.3 es doble: los discípulos quieren saber la fecha en que acontecerán esos hechos y la señal de la *parousia* (venida) de Jesús y el "fin del siglo". En los vv. 4-8, según interpretan Mateos y Camacho, "Jesús deshace el equívoco latente en la pregunta: la destrucción del templo no significa la llegada del tiempo mesiánico como lo esperan los discípulos".[1] Aunque en el discurso de Jesús se mezclen elementos históricos (destrucción del templo) con imágenes apocalípticas, de todos modos el énfasis parece recaer en lo histórico.

En un reciente análisis exegético de Marcos 13, hemos llegado a la siguiente conclusión:

> [...] este largo discurso de Jesús, llamado por algunos "pequeño apocalipsis", surge como respuesta a preguntas puntuales de los discípulos, dentro de un marco histórico de persecuciones de los judíos que culminarán con la toma de Jerusalén y la destrucción del templo a manos de los romanos. No es fácil distinguir en el cuerpo del discurso qué elementos son referidos a esos hechos históricos y cuáles otros corresponden estrictamente a la escatología. Sin embargo, a partir de un eje que se encuentra en el v. 10 y que rompe la secuencia del discurso, Jesús "desapocaliptiza" el marco interpretativo judaico para enfatizar la misión que la Iglesia debe realizar y la necesidad de que los discípulos se mantengan alertas, despiertos, en vigilancia, a la espera de la gloriosa parusía del Señor, cuyo día y hora nadie sabe, sino sólo el Padre.[2]

Por su parte Ched Myers, analizando las referencias al "cuando" y "entonces" que aparecen en la versión de Marcos 13, explica:

> Esta visión rápida muestra que el carácter temporal del "fin del tiempo" no es absolutamente claro. Los términos de Marcos son flexibles, con la connotación de la venida del reino; del conflicto político que él mismo provoca; del sufrimiento de Jesús o de los discípulos; en la tribulación del mundo entero y de la resurrección "final" y del "triunfo" del reino. El tiempo como metáfora funciona exactamente para subvertir la noción de tiempo literal, evitando así "calendarios escatológicos", lo que equivale a decir que los que ven el discurso apocalíptico como

---

1 Juan Mateos y Fernando Camacho, *O Evangelho de Mateus*, Paulinas, San Pablo, 1993, p. 271.

2 Alberto F. Roldán, *Jesús en acción. Un comentario dinámico al Evangelio de Marcos*, Vol. 2, Publicaciones Alianza, Buenos Aires, 2003. Ver exégesis del capítulo 13.

determinista no lo comprendieron, porque la propia naturaleza de la lucha mítica es la de enfatizar que la historia está abierta.[3]

En cuanto a la escatología paulina, ésta es tan importante y decisiva que, como bien ha señalado Bornkhamm,

> la misma expresión tradicional "las cosas últimas" no se acomoda al caso de Pablo; en el fondo, para él, no se trata de las cosas últimas, sino de las "primeras". Por eso, hay que plantearse la cuestión de si no sería más adecuado colocar al principio su escatología, que forma un todo coherente, porque sin ella son inconcebibles tanto su doctrina sobre la ley como su doctrina sobre la justificación y la salvación, así como cualquier otra afirmación suya sobre la palabra de la cruz, sobre el bautismo o la cena del Señor, sobre la acción del Espíritu o la naturaleza de la iglesia.[4]

Y esta apreciación no es para nada exagerada. Observemos los hechos que intentaremos resumir. Pablo abunda en referencias a la *parusía* de Jesucristo (1Co 15.23; 1Ts 2.19; 3.13; 4.15), la *epifanía* (2Ts 2.8; 1Ti 1.10; 4.1, 8), el *apocalipsis* ("revelación"; 2Ts 1.7; 1Co 1.7) y el *día del Señor* (1Ts 5.2; Fil 2.16).[5] Para Pablo, la *parusía* de Jesucristo significa la última etapa del proceso redentor de Dios (ver 1Co 15.50; Ro 13.11). El apóstol se refiere a la "adopción" (Ro 8.23) como la redención de nuestros cuerpos de sus limitaciones y, creando un neologismo paradójico, habla del "cuerpo espiritual" (*soma pneumaticos*) (1Co 15.44). Torres Queiruga resume el argumento de Pablo en 1 Corintios 15.35-45:

> Con un movimiento analógico que toca todos los registros de la escala ascendente, a fin de sugerir y avivar la diferencia: de la simiente al árbol, del pez al hombre, de lo terrestre a lo celeste (¡en la mentalidad de entonces!), de lo animal a lo espiritual, para culminar en la paradoja genial del "cuerpo espiritual" (v. 44).[6]

---

3 Ched Myers, *O Evangelho de São Marcos. Grande Comentário Bíblico*, Paulinas, San Pablo, 1992, p. 405.
4 Günther Bornkamm, *Pablo de Tarso*, Sígueme, Salamanca, 1978, p. 256.
5 Sobre el carácter intercambiable de estas expresiones, ver el cap. 5.
6 Andrés Torres Queiruga, *Repensar la cristología*, Verbo Divino, Estella, 1996, p. 174.

Por otra parte, la escatología de Pablo tiene alcances cósmicos y éticos. Lo primero puede verse en el pasaje que hoy denominaríamos "ecológico" de Romanos 8.18-25, donde habla de la liberación gloriosa que experimentará toda la creación (*ktisis*) en correspondencia con la libertad gloriosa de los hijos de Dios. Lo segundo está claramente expuesto en Romanos 13.11-14 y 1 Tesalonicenses 5.1-11 donde, mediante el recurso a los "dobles opuestos" (luz/tinieblas; día/noche, etc.) el apóstol muestra la dimensión ética de la escatología.[7]

Finalmente, no podemos eludir el tema de la "inminencia y retraso de la parusía" en el pensamiento de Pablo. Sólo nos permitimos decir que es cierto que en su primera epístola a los Tesalonicenses 4.13-17 parece dar a entender una cierta "inminencia" que, de todos modos, "corrige" en la segunda epístola, especialmente el capítulo 2.[8]

Otras referencias a *esjatos* se encuentran en textos como los siguientes: "Sucederá que en los últimos días" (Hch 2.17); "en los últimos días vendrán tiempos difíciles" (2Ti 3.1); "en estos días finales nos ha hablado por medio de su Hijo" (Heb 1.2); "hasta que llegue la salvación que se ha de revelar en los últimos tiempos" (1P 1.5); "se ha manifestado en estos últimos tiempos en beneficio de ustedes" (1P 1.20); "en los últimos días vendrá gente burlona" (2P 3.3).

Este muestreo indica que lo escatológico se puede referir, simplemente, a personas, cosas y situaciones que no tienen ninguna connotación teológica o doctrinal. Por otra parte, lo

---

7 Para una reflexión más amplia de estos pasajes, ver nuestra obra *Señor total*, Publicaciones Alianza, Buenos Aires, 1998, pp. 53-57. Hay segunda edición revisada y ampliada por Kerigma, Oregon, 2017.

8 En nuestro trabajo "Inminencia y retraso de la parusía en la escatología paulina" (Seminario Internacional Teológico Bautista, Buenos Aires, 1982), desarrollamos ampliamente el tema, indicando las varias teorías que intentan identificar al "hombre de ilegalidad" mencionado en 2Ts 2. Las hipótesis interpretativas sobre el aparente "retraso" de la parusía son, entre otras: la que el mismo Pablo elabora en 2 Tesalonicenses 2; el desarrollo que experimentaron sus ideas y el cambio de perspectivas a partir de experiencias que sufriera el propio Pablo; el ministerio misionero del apóstol. Esta última es la hipótesis que desarrolla Oscar Cullmann en su trabajo "El carácter escatológico del deber misionero y de la conciencia apostólica de San Pablo", en *Del evangelio a la formación de la teología cristiana*, Sígueme, Salamanca, 1972, pp. 79-117.

escatológico puede tener vinculación con lo que técnicamente llamamos "eventos finales", "acontecimientos escatológicos", es decir, tiene un sentido propiamente teológico, que pertenece a ese campo de la escatología bíblica.

Para finalizar esta sección, debemos decir algo sobre el uso teológico de *esjatos* y *escatología*. Mientras la palabra *esjatos* es singular, el término *esjata* es plural. A partir de ese hecho, con aguda percepción los teólogos brasileños Juan B. Libânio y Maria Clara Bingemer formulan la siguiente precisión:

> Así pues, no se trata tanto de preguntar por las "últimas realidades", sino por lo "Último" de todas las realidades. No es por los acontecimientos futuros por lo que pregunta el hombre moderno, sino por el acontecimiento del Futuro Absoluto. No se indaga con curiosidad sobre los "eschata" (plural griego: cosas últimas), sino más exactamente por el "Eschatos" (singular masculino), Jesucristo: plenitud, pleroma, acontecimiento escatológico por excelencia, que pone bajo juicio toda nuestra existencia; que afecta como referencia y como instancia última nuestro ser, nuestro destino definitivo.[9]

Sin embargo, unas escatologías son serias y otras, superficiales. Las primeras son verdaderas exposiciones de la escatología bíblica y teológica, sustentadas en sólidos trabajos exegéticos e interpretativos construidos a partir de los datos bíblicos sobre el final de la historia. Las segundas, abundan en esquemas escatológicos que se presentan como "mapas exactos del futuro", en los cuales las potencias mundiales de hoy juegan roles importantes y decisivos en el desenlace de la historia. Esos esquemas —que a partir de la caída del muro de Berlín y la desaparición del bloque socialista europeo (URSS) han sufrido trastornos insalvables—, adolecen de adecuados métodos exegéticos y, sobre todo, dan rienda suelta a la imaginación y a la especulación. De todo esto nos ocuparemos en el próximo capítulo. Aquí sólo estamos intentando mostrar que no todo lo que se presenta como "escatología bíblica" lo es en realidad.

---

9 Juan B. Libânio y Ma. Clara L. Bingemer, *Escatología cristiana*, Paulinas, Buenos Aires, 1985, p. 21.

2. Sentido bíblico de "profecía"

Concepciones populares y erróneas

Las palabras "profecía", "profeta" y "profetizar" también han sufrido modificaciones sustanciales respecto a su sentido bíblico original. En efecto, esos términos se entienden casi exclusivamente como "anticipos de futuro", "predicciones". Profetizar sería, entonces, un discurso que nos revela lo que va a acontecer en un futuro inmediato o mediato. Pero, ¿es ese el significado bíblico de estos vocablos?

En trabajo reciente sobre el tema, el teólogo Juan Stam comenta:

> Hay una confusión casi universal sobre el sentido de los términos "profecía" y "profético". Casi todos entienden estos términos en el sentido exclusivo de su elemento predictivo, como "vaticinio" (predicción, pronóstico, augurio). Probablemente esa definición se deriva de la cultura popular (los oráculos griegos, la Sibila, las "profecías" de Nostradamus) o hasta del ocultismo (vidente o "profetas" sensacionales que pretenden anunciar sucesos futuros).[10]

El concepto bíblico de "profeta" y "profecía"

La palabra "profeta" viene del griego *prophetes*, que consta de dos palabras: *pro*, que significa "en vez de", "delante de", "de antemano", y el verbo *phemi*, que significa "decir" o "hablar". Profeta, entonces, es una persona llamada por Dios para pronunciar a su pueblo un mensaje que, en general, tiene que ver con asuntos actuales de ese pueblo y, a veces, con el anuncio de cosas para el futuro. Sin embargo, no es la predicción el elemento decisivo para saber que estamos en presencia de un profeta o de una profecía. Y esto se puede

---
10 Juan Stam, *Apocalipsis y profecía: las señales de los tiempos y el tercer milenio*, Ediciones Kairós, Buenos Aires, 1998, p. 27. Para un estudio profundo del libro de Apocalipsis, véase la obra de Juan Stam, *Apocalipsis. Comentario bíblico iberoamericano*, 4 tomos, Ediciones Kairós, Buenos Aires, 2003, 2009.

comprobar casi matemáticamente. En efecto, Douglas Stuart demuestra que "menos del 2 por ciento de las profecías del Antiguo Testamento son mesiánicas; menos del 5 por ciento describen específicamente la edad del Nuevo Pacto y menos del 1 por ciento se refieren a sucesos que todavía están por ocurrir".[11] A la luz de estos datos podemos pensar que si la profecía sólo se refiriera a anticipar eventos del futuro, entonces la profecía bíblica sería sumamente escasa. No obstante, si entendemos que profecía se refiere a un conjunto de mensajes dados por hombres y mujeres a los cuales Dios inspiró para que transmitieran su voluntad a su pueblo, entonces la mayor parte de la Biblia consta de profecías.

Precisamente, en el Antiguo Testamento la profecía era tan importante que, para los judíos, la sección llamada "profetas" se dividía en "profetas anteriores" y "profetas posteriores". Sin embargo, significativamente, los primeros estaban representados por libros que nosotros consideraríamos puramente históricos, como Josué y Reyes. Por supuesto, los "profetas posteriores" incluían tanto lo que nosotros llamamos "profetas mayores" por la extensión de sus escritos, tales como Isaías, Jeremías y Ezequiel, como los "doce profetas menores", tales como Miqueas, Nahum, Sofonías. Esto muestra cuánta importancia tenía la profecía en Israel: grandes secciones del Antiguo Testamento son consideradas "proféticas" sin que ello signifique, necesariamente, que contienen elementos predictivos. En síntesis, "profeta" es una persona, hombre o mujer, llamada por Dios para hablar en su nombre y dar a conocer al pueblo su mensaje para un momento determinado.

Cuando llegamos al Nuevo Testamento encontramos dos fenómenos: la continuación del ministerio profético y la relectura de las profecías del Antiguo Testamento en una clave cristológica. Algunas veces Jesús mismo es llamado o considerado como "profeta" (ver Mr 6.15; 8.27, 28; Jn 4.19; 6.14; 7.40; 9.17; Hch 3.20-22), pero también se habla de "profetas" y "profetisas" (ver Lc 2.36; Hch 13.1; 21.9). En Efesios 2.20 se nos dice

---

11 R. G. Fee y D. Stuart, *La lectura eficaz de la Biblia*, Vida, Miami, 1985, p. 147, citado por Stam, *Ibíd.*, p. 28.

que la Iglesia está edificada sobre el fundamento de los apóstoles y profetas. El libro del Apocalipsis se llama "profecía" (1.3) y relata la actividad de profetas de Dios tanto como de falsos profetas (ver 11.3, 10; 19.20). Como veremos en el siguiente acápite, estas designaciones y narraciones deben ser interpretadas respetando el sentido original de "profecía" y "profetizar", dentro de una literatura especial como es la así llamada "apocalíptica". Esto es, precisamente, lo que ahora ocupará nuestro interés y, por razones obvias, requerirá un mayor espacio de exposición.

3. Apocalíptica: ¿revelación o terror?

Al plantear el tema de la apocalíptica es importante responder a preguntas clave: ¿qué es "Apocalipsis"? ¿En qué consiste la "apocalíptica"? ¿Cuándo comenzó? ¿Cómo influyó en la teología? Y, sobre todo, ¿cómo debemos interpretar la apocalíptica en su vinculación con la escatología cristiana?

Cómo surge la apocalíptica

La palabra *apocalipsis* viene de dos vocablos griegos: *apo*, "desde adentro hacia fuera", y *kalupsis*, "cobertura", "velo". Luego, *Apocalipsis* significa "descubrimiento, quitar el velo para que algo pueda verse". La literatura apocalíptica es un género literario que surgió en el siglo 2 a.C. y se extendió hasta el siglo 2 d.C. El ambiente o las circunstancias de su surgimiento se vincula con ideas como "el remanente justo" y el problema del mal. Grupos judíos como los fariseos y la comunidad de Qumrán desarrollaron el concepto de "remanente justo" y, según George E. Ladd,[12] sostenían que las profecías sobre un resto fiel en Israel se cumplían en ellos. En cuanto al problema del mal, a pesar del período postexílico, los judíos lograron superar pecados como la idolatría, pero todavía sufrían persecuciones y sometimientos a imperios paganos. Un especialista en el tema, D. S. Russell,

---

12 George E. Ladd, citado en Léon Morris, *Apocalyptic*, Wm. Eerdmans Publishing Co., Grand Rapids, 1972, p. 25.

afirma que este fenómeno literario emergió en el judaísmo durante el reino del seléucida Antíoco Epífanes, entre los años 175-163 a.C., y aclara:

> La palabra "apocalíptica" se deriva del sustantivo griego *Apocalipsis*, que significa "revelación". Su uso, sin embargo, con referencia a este *género* literario, se debe, con toda probabilidad, no al carácter revelatorio de los libros en cuestión sino más bien al hecho que éstos tienen mucho en común con el Apocalipsis del Nuevo Testamento, con su lenguaje esotérico, su extraña imaginería y sus pronunciamientos relativos a la consumación de todas las cosas en cumplimiento de las promesas de Dios.[13]

También el surgimiento de la apocalíptica está relacionado con el hecho de la cesación de la profecía. Después de Malaquías, había cesado formalmente la profecía en Israel. Grelot sostiene que la apocalíptica era una especie de prolongación de la antigua literatura profética, aunque difiere de ella en algunos puntos importantes:

> La escatología de los profetas también tenía por objeto la revelación del "fin de los tiempos", según la expresión consagrada. Pero esta revelación se situaba todavía en el plano terrestre en que se desarrolla la historia actual. Ahora bien, a partir de la época persa, este "fin" tiende más y más a separarse de cuanto le precede. No solamente toma un carácter de paraíso terrenal recobrado, como ya en los profetas anteriores al destierro, sino que hace su aparición el tema de los "cielos nuevos" y de la "tierra nueva".[14]

El erudito Mathias Delcor coincide con esta perspectiva y

---

[13] D. S. Russell, *Apocalyptic. Ancient and Modern*, Fortress Press, Filadelfia, 1978, p. 3. Por su parte, John Collins define la apocalíptica como "un género de literatura de revelación con un marco narrativo, en el cual una revelación es mediada por un ser de otro mundo a un receptor humano, descubriendo una realidad trascendente que es tanto temporal, hasta donde representa la salvación escatológica, como espacial hasta donde involucra el otro mundo sobrenatural" ("From Prophecy to Apocalypticism: The Expectation of the End", en *The Encyclopedia of Apocalypticism*, Vol. I, *The Origins of Apocalypticism in Judaism and Christianity*, The Continuum Publishing Co., Nueva York, 1998, p. 146).

[14] P. Grelot, "Apocalíptica", en *Enciclopedia de la Biblia*, Garriga Barcelona, 1963, Vol. I.

establece también las relaciones entre profecía y apocalíptica. Dice Delcor: "Parece, pues, que la apocalíptica sustituyó a la profecía, con la que mantuvo una cierta relación debido especialmente a sus preocupaciones escatológicas comunes".[15]

Existe un debate entre los especialistas en cuanto a las diferencias entre apocalípticos y profetas en relación con la historia. Cierto consenso permitiría decir que, mientras que los profetas no sólo están plenamente enraizados en la historia sino que son optimistas en cuanto a posibles transformaciones dentro de ella, los apocalípticos, por el contrario, aparecen con cierto pesimismo y determinismo respecto a la misma. Según ellos, en el curso de la historia la situación no cambiará sustancialmente. El propio Delcor comenta que los apocalípticos se interesan por la historia presente o pasada, pero sólo "en la medida en que éstas preparen el fin de la historia".[16]

Moltmann, cuya escatología estudiamos en el capítulo anterior, se ocupa de subrayar las diferencias entre la escatología de los profetas y la de los apocalípticos. Aunque la orientación escatológico-futurista es común a ambas vertientes, los contrastes, según Moltmann son: a) la apocalíptica cultiva una concepción determinista de la historia mientras en la profecía falta la idea de que los *esjata* están ya fijos desde los tiempos primitivos; b) en la apocalíptica, lo contrapuesto al Dios que obra en la historia es "el mundo"; en cambio, en los profetas se trata de Israel y los pueblos; c) la expectación apocalíptica tiende hacia una separación del bien y el mal, pero este "dualismo fatalista" no se encuentra en los profetas; d) los profetas toman muy en serio la situación de su presente histórico, mientras que los apocalípticos encubren su propia situación histórica. Sin embargo, Moltmann, a despecho de estos contrastes, subraya también el aporte de la apocalíptica a la escatología por su énfasis cósmico. Dice Moltmann:

> Esta historificación del mundo en la categoría del futuro escatológico universal tiene una inmensa importancia

---

15 Mathias Delcor, *Mito y tradición en la literatura apocalíptica*, Cristiandad, Madrid, 1977, p. 45.
16 *Ibíd.*, p. 45.

teológica, pues mediante ella la escatología se convierte en el horizonte universal de la teología en cuanto tal. Sin apocalíptica la escatología teológica queda estancada en la historia de los pueblos humanos o en la historia existencial del individuo.[17]

En síntesis, no debemos subrayar tanto las diferencias entre profetas y apocalípticos porque, como explica Delcor, es cierto que los segundos parten de la constatación que la acción de las fuerzas del mal en la historia continuará, manifestándose como un conflicto perpetuo entre Dios y Satanás, entre los ángeles buenos y los malos, entre Israel y los paganos, lo cual influye para que se inclinen a cierto pesimismo histórico. Sin embargo, "los apocalípticos no se limitan a constatar el fracaso del plan divino. Dios triunfará al final de los tiempos sobre las fuerzas del mal en el mundo. Por esta razón los apocalípticos son en definitiva optimistas".[18]

Características de la apocalíptica

Hay varias características que distinguen a este género literario de otros que encontramos en la Biblia. En primer lugar, está el fuerte énfasis en las "revelaciones". Estos libros hablan de revelaciones que han sido hechas a héroes. Los autores de diversos Apocalipsis elegían un gran personaje del pasado de Israel y lo convertían en el centro de su narrativa. Así, es común ver referencias a Enoc, Moisés, Noé, Esdras y otros.

John Collins,[19] luego de analizar la profecía postexílica (después del exilio de Babilonia), distingue dos etapas en el

---

17 Jürgen Moltmann, *Teología de la esperanza*, Sígueme, Salamanca, 1969, p. 179.

18 Delcor, *op. cit.*, p. 47. Con esta perspectiva coincide Croatto cuando dice que la concepción de los apocalípticos "revela un cierto pesimismo sobre 'este mundo'/esta historia. A diferencia de la escatología profética (en la que el futuro ideal es preparado por la fidelidad a la alianza) en la apocalíptica se espera un cambio tan radical que sólo Dios puede hacerlo, con un cambio no del hombre sino del 'mundo'" (José Severino Croatto, "Apocalíptica y esperanza de los oprimidos. Contexto sociopolítico y cultural del género apocalíptico", en *Revista de Interpretación Bíblica Latinoamericana,* No. 7, DEI, San José, 1990:16).

19 Collins, *op. cit.*, pp. 134-135.

desarrollo de la apocalíptica: el período helenístico y el romano. En el período helenístico se destacan *Los libros de Enoc* y el libro bíblico de Daniel, y en el período romano, el *Testamento de Moisés*, *Oráculos Sibilinos*, *4 Esdras*, *2 Baruc*, *3 Baruc*. El más antiguo de los Apocalipsis es el *Libro de Enoc*, una obra que está preservada en forma completa sólo en etíope. El libro contiene a su vez cinco obras distintas: *Libro de los vigilantes*, *Las similitudes*, *Libro astronómico*, *Libro de los sueños* y *Epístola*. A partir de un análisis del *Libro de los vigilantes*, en el cual los personajes centrales son ángeles, el investigador italiano Paolo Sacchi sostiene que el problema que subyace en toda la literatura apocalíptica es el problema del mal. "La explicación característicamente apocalíptica descansa en una apelación a fuerzas sobrenaturales, demoníacas".[20]

Otra característica de los escritos apocalípticos es la "seudonimia", es decir, el hecho que los nombres de sus autores son falsos, ya que éstos esconden su identidad detrás de nombres famosos como Moisés, Enoc o Esdras. Algunos explican este fenómeno subrayando la humildad de estos autores, a quienes no les importaba su fama personal. Sin embargo, es más probable que dicha práctica se debiera a que después de Esdras y Nehemías el profeta que proclamaba un mensaje difícilmente era escuchado. Puesto que la *torá* (ley) era todo y la creencia en la inspiración estaba casi muerta, si ese profeta quería ejercer alguna influencia sobre el pueblo, debía recurrir al seudónimo. Dice Wikenhauser: "el pseudonimato de estos libros está en relación con el hecho de que, según el sentir del judaísmo tardío, la profecía se había extinguido; cf. *Ap. Baruc* 85.3: 'Los justos se han reunido con sus padres, y los profetas se han echado a dormir... y ahora sólo tenemos el Omnipotente y la Ley'".[21]

La finalidad de los escritos apocalípticos, a la luz de los estudios serios sobre el tema, era dar una respuesta a los

---

20 Paolo Sacchi, *Jewish Apocalyptic and its History*, Sheffield Academic Press, Sheffield, citado en *Ibíd.*, p. 137.

21 Citado por José Grau en "Literatura apocalíptica en la Biblia y los Apócrifos", *Pensamiento cristiano*, No. 91 (setiembre de 1977): 305.

tiempos de crisis, tanto de índole cultural (influencia de imperios paganos) como de teodicea.[22]

El simbolismo apocalíptico

El simbolismo de la apocalíptica es tan importante que dedicamos un apartado especial para referirnos a él. En primer lugar, debemos aclarar qué se entiende por "símbolo". La palabra viene del griego y está compuesta por el prefijo *syn*, "con", y el verbo *ballein*, "tirar", "lanzar". Luego, como dice Summers: "un símbolo es aquello que sugiere alguna otra cosa por razón de la relación o de la asociación que tiene con ella; es un signo visible de algo invisible: como una idea o una cualidad".[23] Simbolismo, entonces, es un sistema en el cual ciertas verdades y conceptos son transmitidos mediante imágenes de cosas, ángeles, números, animales, señales. Para decirlo en palabras de George Ladd: "tenemos que insistir en que el lenguaje apocalíptico no presenta su mensaje en estilo fotográfico preciso, sino más bien en el del moderno arte surrealista, con gran fluidez e imaginación".[24] Es imposible hacer demasiado énfasis en este dato: el lenguaje apocalíptico no debe ser leído como una fotografía o como "una filmación adelantada".[25] Es, más bien, un lenguaje cifrado, enigmático, que "muestra" verdades a través de imágenes de monstruos, números, ángeles, que no hay que considerar históricos y reales. A nuestro modo de ver, esto evidencia la gran creatividad de los escritores apocalípticos, quienes inventaron un género literario que hoy es muy actual y, de alguna manera, podemos rastrearlo en obras como las de Stephen King y en películas como *Matrix* y *El día final*.

¿Cuáles son los símbolos más habituales en la apocalíptica?

---

22 Esta finalidad central de los escritos apocalípticos es subrayada tanto por J. Collins (*op. cit.*, p. 158) como por Croatto (*op. cit.*, p. 23). En cuanto a la palabra "teodicea", que etimológicamente significa "justificar a Dios", representa la parte de la teología sistemática que intenta explicar el problema del mal.

23 Ray Summers, *Digno es el Cordero*, Casa Bautista de Publicaciones, El Paso, 1954, p. 76.

24 George E. Ladd, *El Apocalipsis de Juan*, Caribe, Miami, 1978, p. 98.

25 Expresión creativa de Croatto, *op. cit.*, p. 24.

En primer lugar, están los números simbólicos, algunos de los cuales son 1, 2, 3, 4, 7, 10, 12 y sus múltiplos. Por dar un ejemplo, el 7 significaba "lo perfecto", "lo completo". Dice Delcor: "El número siete y sus múltiplos gozaban, al parecer, de cierto favor en los escritos apocalípticos. El libro de los *Jubileos*, por citar sólo un ejemplo, adopta un período de 49 para la división de la historia".[26] Este número resultará un recurso muy habitual en el esquema del Apocalipsis, como veremos más adelante. El número 1000 significaba "lo completo" en grado superlativo. Esto se aplicaría al famoso milenio, del que nos ocuparemos en el próximo capítulo.

También los colores expresan símbolos: el blanco, el amarillo y el rojo pueden significar pureza, muerte o sangre, etc., de acuerdo con el objeto al que se aplican. La apocalíptica también abunda en símbolos animales. Aparecen bestias que representan personas, imperios o sistemas: leones, osos, leopardos, dragones (véanse Dn 7 y Ap 12 y 13). Otro tipo de simbología se relaciona con lo mítico y angelical: lucha entre el dragón y la serpiente, ángeles buenos y ángeles malos, etc. Finalmente, podemos citar los símbolos cósmicos: nubes, estrellas que caen, el sol que se oscurece, la luna que se tiñe de sangre. Siempre estamos en presencia del mismo fenómeno literario: se trata de una amplia y rica imaginería, propia de este tipo de literatura, a través de la cual se enseñan hechos, acontecimientos y, finalmente, verdades, pero que no debiera ser interpretada al pie de la letra porque, en ese caso, precisamente, estaríamos cometiendo el peor atentado contra la hermenéutica bíblica.

Los apocalipsis bíblicos

Hablar de la "apocalíptica" de las Sagradas Escrituras es abordar un tema polémico que se inicia en el momento mismo en que procuramos determinar cuáles son los Apocalipsis presentes en ellas. Más allá del libro homónimo que cierra la Biblia, es decir, el Apocalipsis canónico, no existe un libro

---

26 Delcor, *op. cit.*, p. 51.

bíblico que sea enteramente apocalíptico. Vamos a mencionar algunas secciones de la Biblia que pueden ser consideradas apocalípticas y luego pasaremos a analizar someramente el Apocalipsis joánico.

Ciertas secciones de los profetas son consideradas "apocalipsis". Las mismas son Isaías 24–27, Joel 3–4 y Zacarías 9–14. Sin embargo, existen dudas que estos textos pertenezcan realmente al género que estudiamos. Según la opinión de Collins, los capítulos citados en primera instancia, llamados tradicionalmente "apocalipsis de Isaías", "en la forma en que están son simplemente oráculos proféticos".[27] Un libro que, pese a contener secciones narrativas, puede ser considerado dentro del género apocalíptico es Daniel.[28] Sobre la fecha de su composición hay cierto debate, pero autores como Delcor sostienen que por lo menos la segunda parte debió ser escrita hacia el año 165 a.C., antes de la muerte de Antíoco Epífanes. Sin embargo, más importante que determinar la fecha es interpretar el mensaje del libro. Algunos, como R. H. Charles, destacan a Daniel como "el primero en enseñar la unidad de toda la historia humana y que cada nueva fase de esta historia es una nueva etapa en el desarrollo del designio de Dios".[29] Esto puede corroborarse si se considera el capítulo 2, donde Daniel interpreta el sueño de Nabucodonosor, en el cual una estatua representa cuatro reinos, los cuales son ilustrados con metales presentados en orden decreciente en cuanto a su valor:

---

27 Collins, *op. cit.*, p. 130.

28 El ya citado Mathias Delcor —cuya tesis doctoral, presentada en la Universidad de la Sorbona, versó sobre el libro de Daniel— dice que la "segunda parte está tan estrechamente relacionada por su carácter apocalíptico" (*Ibíd.*, p. 27). De manera más contundente, Pablo Richard afirma que "el libro de Daniel es el mejor representante de la literatura apocalíptica en la historia del pueblo de Israel, y como tal ha sido aceptado en el canon judío y cristiano" ("El pueblo de Dios contra el Imperio. Daniel 7 en su contexto literario e histórico", en *Revista de Interpretación Bíblica Latinoamericana*, No. 7, DEI, San José, 1990:25).

29 Robert H. Charles (nacido en el Ulster en 1855) fue acaso el erudito más importante en materia de apocalíptica, en Gran Bretaña, a principios del siglo 20. Publicó varios libros de su especialidad, incluyendo comentarios a Daniel y Apocalipsis. El concepto citado es recogido por Delcor de la obra de Charles, *A Critical and Exegetical Commentary on the Book of Daniel* (ver Delcor, *op. cit.*, p. 52).

oro, plata, bronce y hierro.[30] Más recientemente, y dentro del contexto latinoamericano, Pablo Richard realizó un análisis literario e histórico del capítulo 7 de Daniel, considerado como el eje central de todo el libro. Resume el sentido global de ese capítulo en los siguientes términos:

> El pueblo de Dios que ha estado dominado por los imperios, y ahora más concretamente por Antíoco IV Epífanes, va a recibir el Reino de Dios. Este cambio histórico radical va a ser obra del juicio de Dios, es decir, de la acción liberadora de Dios en la historia. Esta realidad del proceso histórico el autor la representa en su conciencia (sueño y visiones) como el fin de las bestias y el comienzo del poder de lo humano en la historia. El capítulo no nos dice cómo se realizará ese cambio, sólo nos transmite la certeza del fin de los imperios y del triunfo del Pueblo de Dios.[31]

Con esta referencia a Daniel estamos en mejores condiciones para analizar el único libro de la Biblia totalmente apocalíptico, es decir, el llamado "Apocalipsis de Juan".

La naturaleza del libro de Apocalipsis

No hay duda de que se trata de un libro apocalíptico, especialmente por dos razones: 1) las primeras palabras ya se refieren a que se trata de un Apocalipsis. En efecto, el libro comienza diciendo: *Apokalipsis Iesou Jristou*, es decir, "apocalipsis de Jesucristo"; y 2) hay abundancia en el uso de símbolos que corresponden a este tipo de género literario. Veamos algunos de ellos: se habla de "siete espíritus de Dios" (1.4), una referencia al Espíritu Santo expresada mediante el recurso al número siete, que significa "lo perfecto", "lo completo".[32] Jesucristo se presenta

---

30 Collins (*op. cit.*, p. 142) encuentra un paralelo de estas eras de la historia de la humanidad en un documento persa llamado *Bahman Yast*, donde Zoroastro ve un árbol con cuatro ramas: de oro, plata, acero y hierro mezclado. Aunque el texto persa en la forma actual es varios siglos posterior a Daniel, en opinión de Collins ambos derivan de una fuente común, y no hay razón para pensar que el documento persa fue influido por el libro bíblico.
31 Richard, *op. cit.*, p. 26.
32 Así interpretan Léon Morris, *El Apocalipsis. Introducción y comentario*, Certeza,

como "el Alfa y la Omega" (1.3), es decir, la primera y la última letra del alfabeto griego, mientras en 1.20 se hace referencia "a siete estrellas que son los siete ángeles", en tanto que "los siete candeleros son las siete iglesias". El uso del verbo "ser", aplicado a relacionar estrellas con ángeles y candeleros con iglesias, muestra claramente que se trata de símbolos. El capítulo 2 habla de comer de un árbol (v. 7), de una piedrecita blanca (v. 17), de una "vara de hierro" (v. 27) y de una mujer llamada "Jezabel" (v. 20), nombre a todas luces simbólico, considerando que ese nombre estaba asociado en la historia de Israel a una mujer perversa. ¡Difícilmente una familia judía pondría tal nombre a una de sus hijas! Estamos en presencia de otro símbolo. En el capítulo 3 hay símbolos como la "llave de David" (v. 7), "una puerta abierta" (v. 8) y "sinagoga de Satanás" (v. 9; cf. 2.9). Los capítulos 4 y 5 son más abundantes en simbología, pues en ellos encontramos una "piedra de jaspe y de cornalina" (4.3), "relámpagos, truenos y voces" (4.5), "lámparas de fuego" (4.5), otra referencia a "los siete espíritus de Dios" que ya vimos en 1.4, seres vivientes semejantes a leones, becerros y cuatro águilas (4.6, 7), un libro escrito por dentro y por fuera, sellado con siete sellos (5.1), mientras que en 5.5 Jesucristo es presentado bajo los títulos simbólicos de León de Judá y raíz de David.

Ante la imposibilidad de ser exhaustivos en este análisis de los símbolos del Apocalipsis, nos permitimos mencionar finalmente a los que se encuentran en los capítulos 11, 12 y 13. Allí se habla de dos testigos que son dos olivos (11.4), quienes sacan fuego de sus bocas (11.5), y de una gran ciudad "llamada en sentido figurado Sodoma y Egipto"[33] (11.8). El capítulo 12 comienza describiendo a "una mujer revestida del sol, con la luna debajo de sus pies y con una corona de doce estrellas en la cabeza"[34] (v.1), expresiones que nos evocan poesías populares como la de Horacio Ferrer en "Balada para un loco",

---

Buenos Aires, 1977, p. 53; George E. Ladd, *op. cit.*, pp. 25-26; y William Barclay, *Apocalipsis*, La Aurora, Buenos Aires, 1975, pp. 41-42.

33 En griego *kaleîtai pneumatikôs*: "llamada espiritualmente".

34 El texto indica que esto es una *semeîon*, "señal", algo que apunta a un significado más allá de la imagen. Es el término griego con el que el Evangelio de Juan describe los milagros de Jesús (ver 2.11; 3.2).

cuando habla de "una golondrina en el motor". En el mismo capítulo se presenta a un dragón escarlata con siete cabezas, siete diademas y diez cuernos (12.3, 4). También se presenta la lucha entre Miguel y el dragón (12.7). Delcor ofrece la siguiente explicación:

> El autor de Apocalipsis 12 presenta un doble combate: primero el del dragón contra la mujer, luego, explícitamente, el del dragón contra Miguel y sus ángeles. El texto no precisa el lugar donde se enfrentan el dragón y la mujer. Pero hay dos indicios que hacen suponer que la escena del combate es la tierra: la mujer se retira al desierto y el niño, tras haber sido arrebatado de la tierra, es puesto sano y salvo junto al trono de Dios. El combate que tiene lugar en la tierra es, al parecer, la contrapartida de un combate celeste, en el que intervienen seres angélicos: los ángeles buenos y malos, según las conocidas concepciones apocalípticas.[35]

El capítulo 13 presenta a una bestia que sube del mar y que posee siete cabezas y diez cuernos (v. 1), la cual es semejante a un leopardo, pero con pies de oso y boca como de león (v. 2). Se trata de un monstruo que reúne las características de las cuatro bestias presentadas en Daniel 7.2-7. Describe un poder histórico concreto, pero utiliza como recurso una imaginería propia de la apocalíptica.[36] Y podríamos seguir identificando imágenes y símbolos en el Apocalipsis, pero la muestra es suficiente para confirmar que este libro, con el que se cierra el canon neotestamentario, es, fuera de toda duda, un libro apocalíptico.

Contexto histórico del Apocalipsis

El contenido del libro revela que se trata de un escrito gestado en tiempos de persecución. El autor está desterrado en la isla de Patmos (1.9) a causa de la Palabra de Dios y del testimonio (*marturian*) de Jesús. Este martirio (en el sentido

---

35 Delcor, *op. cit.*, pp. 139-140.

36 El jesuita argentino Hugo Vanni dice respecto a este tipo de imágenes: "El ejemplo moderno de varias obras de Kafka (por ejemplo, *La metamorfosis*) muestra cuán interesante puede ser este tipo de simbolismo". *Apocalipsis*, Ediciones Paulinas, Buenos Aires, 1979, p. 22.

original de "testimonio") significa no negar la fe y dar la vida por el seguimiento de Jesús; también significa clamar a Dios para que su venganza justiciera caiga sobre los que persiguen a su pueblo (2.13; 3.8; 6.9-11; 20.4). El Apocalipsis estaba destinado a consolar y fortalecer al pueblo de Dios en tiempos de la persecución nefasta y criminal por parte del Imperio Romano. Estaba destinado a recuperar la esperanza. Como dice Pablo Richard:

> El Apocalipsis no está orientado a la "segunda venida de Jesús" o al "fin del mundo", sino que está centrado en la presencia poderosa de Jesús resucitado, ahora, en la comunidad y en el mundo. Su resurrección transforma el presente en un *kairos*: momento de gracia y conversión; tiempo de resistencia, testimonio y construcción del Reino de Dios. El mensaje del Apocalipsis es: si Cristo resucitó, el tiempo de la Resurrección y del Reino de Dios ha comenzado.[37]

Sobre la identificación exacta del período histórico que refleja el Apocalipsis hay diversidad de opiniones. Algunos se refieren a la época de Nerón (54-68 d.C.), tal vez por el valor numérico que significa su nombre, que equivale al enigmático "666". Sin embargo, hay serias objeciones a esta interpretación, especialmente por el hecho que la persecución de Nerón no fue más allá de Roma, la capital del Imperio. Otra interpretación relaciona el Apocalipsis con la época de Domiciano (81-96 d.C.). Se trata de una tesis respaldada desde muy antiguo por autores como Eusebio de Cesarea, Ireneo de Lyon y, quizás, Orígenes de Alejandría, y por comentaristas actuales como William Barclay[38] y León Morris.[39] Otros exégetas, como Ricardo Foulkes[40] y George Ladd,[41] aunque reconocen la fuerte e importante tradición que identifica el trasfondo del Apocalipsis con Domiciano, entienden que tal identificación no agota el contexto histórico del libro. Esto pondría en evidencia que el

---
[37] Pablo Richard, *Apocalipsis. Reconstrucción de la esperanza*, DEI, San José, 1994, p. 18.
[38] *Op. cit.*, p. 23.
[39] *Op. cit.*, pp. 38-46, con amplia discusión del tema.
[40] *Op. cit.*, pp. 179-180.
[41] *Op. cit.*, pp. 12-13.

Apocalipsis, libro enraizado en la historia concreta del Imperio Romano como perseguidor de la Iglesia, tiene alcances que van más allá de una simple referencia al pasado, y sus principios se aplican a condiciones similares en otros tiempos de la historia.

Interpretación del Apocalipsis

Entramos en el tema más controversial de todos en relación con el Apocalipsis: cómo se interpreta. Existen tantas interpretaciones del libro que, ya en su tiempo, Jerónimo, el traductor de la Biblia al latín (Vulgata Latina), decía: "Apocalipsis tiene tantos intérpretes como palabras".[42] Dejando de lado esta hipérbole, se puede hablar de cinco métodos principales de interpretación del Apocalipsis: futurista, preterista, histórico, idealista e histórico-social.[43] El primero entiende el Apocalipsis como enteramente escatológico, es decir, referido solamente a cosas del futuro. Este acercamiento adolece de un problema serio: deja al libro sin significado y sin mensaje para los primeros destinatarios del libro. Muchos futuristas son literalistas en su acercamiento al Apocalipsis, por lo que no toman en cuenta el amplio contenido simbólico de este tipo de literatura. El error básico de esta clase de hermenéutica es que los comentaristas, exégetas y expositores identifican "lo literal" con "lo histórico", como si no pudieran expresarse hechos históricos mediante lenguajes simbólicos. En general, aquellos que adoptan esta línea de interpretación literalista critican a quienes no siguen sus lineamientos hermenéuticos porque consideran que tomar en cuenta lo simbólico es una forma de espiritualizar las Escrituras. Los futuristas generalmente son premilenaristas en su enfoque de la escatología, tal como veremos con amplitud en el próximo capítulo.

La segunda escuela, que denominamos "preterista", es la opuesta a la anterior. La palabra "preterista" viene del latín

---

42 Citado por Foulkes, *op. cit.*, p. 2.

43 Por su parte Sebastián Bartina distingue siete sistemas principales de interpretación: milenarismo, recapitulación, historia de la Iglesia, escatología, historia contemporánea del autor, análisis literario y religiones comparadas ("Apocalipsis de San Juan", en *La Sagrada Escritura. Nuevo Testamento*, B.A.C., Madrid, 1967, Vol. III, pp. 588-604).

praeter, que significa "pasado". Según esta escuela, lo que relata el libro sucedió en el siglo 1 y poco o nada tiene que ver con el futuro. Ladd describe esta escuela en estos términos: "En el criterio preterista, la Roma imperial era la bestia del capítulo 13 y el sacerdocio asiático que promovía la adoración de Roma era el falso profeta".[44]

El tercer enfoque, histórico, aunque también se refiere al pasado, se diferencia de la escuela preterista en el sentido que interpreta el Apocalipsis como una profecía simbólica de la historia de la Iglesia. Sin embargo, este método tropieza con la dificultad que implica establecer los criterios para distinguir etapas históricas, además de restar toda importancia del libro para los lectores originales.

La cuarta escuela de interpretación, que denominamos "idealista", entiende el Apocalipsis como una exposición de ideas y principios bajo los cuales Dios actúa, rechazando buscar en el libro hechos del pasado o eventos del futuro. El método se torna endeble por no estar enraizado en la historia ni tener un mensaje firme para el futuro.

En quinto lugar está la escuela "histórico-social", de aparición más reciente, la cual, mientras reconoce el trasfondo histórico del libro, enfatiza el marco social y político que le dio origen, así como las implicaciones de esos hechos para situaciones análogas. Representativo de este acercamiento es el biblista Pablo Richard quien, al mismo tiempo que afirma que "el Apocalipsis es un libro histórico",[45] destaca que "el contexto histórico fundamental del Apocalipsis es el enfrentamiento económico, político, cultural, social y religioso del Pueblo de Dios y de la comunidad cristiana con el Imperio Romano y las fuerzas sobrenaturales del mal".[46]

---

44 Ladd, *op. cit.*, p. 14.
45 Richard, *op. cit.*, p. 18. Con este acercamiento hermenéutico coincide, entre otros, Juan Stam, *op. cit.*, capítulo 4, titulado "El poder económico de la gran Bestia", que es una revisión ampliada de su artículo "Apocalipsis y el Imperio Romano", publicado en *Lectura teológica del tiempo latinoamericano*, SEBILA, San José, 1979.
46 *Ibíd.*, p. 20.

Finalmente, es oportuno citar un reciente trabajo del biblista argentino Néstor Míguez titulado "Apocalipsis en el año 2000: estrategias de lectura".[47] El objetivo de Míguez es exponer nuevos modos de aproximación e interpretación del Apocalipsis. Evalúa críticamente las tres interpretaciones más conocidas: futurista, preterista y actualizadora. A ellas, suma la interpretación alegórica, a la cual reivindica con las siguientes palabras:

> La soberbia iluminista ha echado al arcón de las cosas inútiles y olvidadas siglos de sabiduría bíblica porque recurrían a la alegoría. [...] Es cierto que la alegoría parece arbitraria e ingobernable como método, pero aparece también como fuente de inspiración y creatividad. [...] Las interpretaciones alegóricas son aprovechables en lo que tienen de estimulante y desafiante, en la medida en que incentivan nuevas metáforas y abren el panorama interpretativo. Pero luego tendrán que ser confrontadas con los otros métodos hermenéuticos para evitar que se transformen en arbitrarias o antojadizas.[48]

El autor critica tanto las interpretaciones historicistas e históricas, como las subjetivas o existenciales. Y dice enfáticamente: "Ni lo uno ni lo otro. El Apocalipsis sigue conteniendo el grito de esperanza de los que esperan y confían en el juicio divino, y que están dispuestos a ser sus testigos".[49] Quizás el aporte principal de este trabajo radique en la relación que Míguez establece entre "tiempo, historia, espacio y eternidad". Reflejando cierta vertiente barthiana, dice que "el reino definitivo de Dios en la Nueva Jerusalén es, a mi entender, suprahistórico, metahistórico, o como quiera llamarse. Está en la historia, acompaña la historia, porque es eterno, pero de una manera velada, oculta, y al mismo tiempo cuestionadora de la misma historia".[50] En referencia a lo que denomina "lo humano como temporalidad", el autor destaca la paradoja que

---

47 Néstor Míguez, "Apocalipsis en el año 2000: estrategias de lectura", Conferencias Mackay 1999, pronunciadas en la Universidad Bíblica Latinoamericana de San José, Costa Rica, material cedido por gentileza del autor. Existe una versión publicada de este trabajo en la revista *Vida y pensamiento*.

48 *Ibíd.*, Conferencia 1, "Apocalipsis. Un testimonio de la historia", p. 3.

49 *Ibíd.*, pp. 8-9.

50 *Ibíd.*, Conferencia 2, "Apocalipsis como profecía y visión", p. 8.

se encuentra en 10.5-7, que anticipa "un tiempo sin tiempo", indicando que "el espacio de Dios es un espacio sin tiempo".[51] Menciona la situación de Satanás quien, al ser expulsado del cielo, "se hace vulnerable a la temporalidad".[52] Finalmente, luego de señalar el carácter opaco y ambiguo de la historia, llega a la conclusión que "al disolverse el tiempo con la consumación plena de la voluntad divina, se deshacen las realidades temporales. Pero lo que es vida en ellas es rescatado, porque está en el libro de la vida del Cordero degollado".[53] El trabajo de Míguez representa un esfuerzo serio por buscar nuevas vías de interpretación del Apocalipsis que superen las lecturas unívocas —sean futuristas, históricas, preteristas o existenciales— y procuren revitalizar la esperanza cristiana en medio de una historia que, por su naturaleza, es opaca y ambigua.

Como colofón a esta exposición sumaria, es nuestra convicción que no existe un método de interpretación que pueda tomarse como único, prescindiendo de los demás, porque, como afirma Bartina, "una obra tan compleja como el Apocalipsis no puede ser objeto de una solución unilateral y simplista".[54] En este sentido, debemos rechazar toda lectura del texto carente de compromiso e idealista, que conduzca a restarle importancia histórica concreta y a considerar el Apocalipsis como una especie de *video tape* del futuro, destinado a aterrorizar a los lectores. En lugar de leer el Apocalipsis como si fuera idealismo ultramundano, ciencia-ficción o literatura de terror, somos invitados a hacerlo recuperando la dimensión histórica de la fe y la esperanza en Jesucristo, Señor de la historia, cuya victoria sobre todos los poderes anti-Dios garantiza la victoria de su pueblo.

También es oportuno tomar en cuenta la presencia de la apocalíptica en la narrativa latinoamericana. En tal sentido, la especialista Lois Parkinson Zamora ofrece un aporte importante con su obra *Narrar el apocalipsis*, donde analiza la presencia del

---

51 *Ibíd.*, Conferencia 3, "La condición humana en el Apocalipsis", p. 6.
52 *Ibíd.*, p. 7.
53 *Ibíd.*, p. 8.
54 Bartina, *op. cit.*, p. 588.

lenguaje apocalíptico en Gabriel García Márquez (*Cien años de soledad*) y Carlos Fuentes (*Terra nostra*), entre otros, aunque señala a William Faulkner como precursor de esa temática en su novela *¡Absalón, Absalón!* Una de sus conclusiones es que "Los modos apocalípticos de aprehender la realidad nos atraen en nuestros tiempos seculares porque se basan en el deseo de que la historia posea estructura y significado, aunque sólo sean la estructura y el significado que le atribuimos en nuestras formas y ficciones literarias".[55]

A modo de resumen de este capítulo podemos decir que aunque los términos técnicos "escatología", "profecía" y "apocalíptica" aparecen estrechamente vinculados entre sí, deben ser cuidadosamente distinguidos, porque de lo contrario conducen, inexorablemente, a graves distorsiones. La escatología es la sección de la teología cristiana que trata de los eventos del futuro del mundo y del hombre; la profecía, en sentido lato, significa la proclamación de la Palabra de Dios a su pueblo mediante sus voceros (profetas/profetisas), la cual puede tener elementos futuros o no; finalmente, la apocalíptica es un género literario que surge en tiempos de crisis del judaísmo postexílico y que es abundante en simbología. En el caso del Apocalipsis de la Biblia, mientras el libro retiene los elementos propios de ese tipo de literatura, es también una "profecía", es decir, un mensaje de ánimo y esperanza para el pueblo del Señor en medio de las crisis a que es sometido por el imperio de turno. Así, este libro se torna mensaje vivo y animador para nosotros que vivimos en medio de las tensiones y las luchas de cada día, a veces dramáticas. No toda profecía se expresa en lenguaje apocalíptico, ni éste fue creado con el fin de sembrar pánico en los lectores. Por el contrario, tal como lo expresamos de diversas maneras en el curso de esta obra, la Biblia y la intención de Dios expresada en ella apuntan no tanto al miedo, al terror y a la destrucción sino a la esperanza activa en Jesucristo el Señor. Con esto, nos dedicaremos a exponer un tema que, curiosa y llamativamente, se ha tornado en el eje central de las escuelas de escatología: el milenio.

---

[55] Lois Parkinson Zamora, *Narrar el apocalipsis*, trad. María Antonia Neira Bigorra, Fondo de Cultura Económica, México, 1994, p. 38.

III

El milenio: datos bíblicos y ciencia ficción

> La nueva apocalíptica de los fundamentalistas norteamericanos trabaja con elementos de ciencia-ficción, y difícilmente es más seria que las fantasías de Batman.
>
> Jürgen Moltmann

Pocos temas escatológicos han generado tanta polémica y discusiones encarnizadas como el milenio. Tanto es así que, a partir de este eje central, se han gestado a través de los tiempos las distintas corrientes o escuelas de escatología. El propósito de este capítulo consiste en presentar los orígenes del milenarismo, los datos bíblicos sobre el tema y las escuelas que se forjan a partir del milenio, tanto desde una interpretación literalista como desde una comprensión simbólica. También nos referiremos a lo que damos en llamar "ciencia-ficción escatológica", la cual, lamentablemente, se ha instalado en amplios sectores de las iglesias evangélicas. Pese a haberse demostrado carente de rigor científico y desfasada a partir de los sucesos mundiales que causaron conmoción —caída del muro de Berlín y desaparición del bloque socialista europeo—, este tipo de escatología hoy se reactualiza a través de obras decididamente ficcionales. El capítulo finalizará con una crítica de esta escatología.

1. Origen del milenarismo

Las investigaciones serias realizadas en el ámbito de la apocalíptica coinciden en señalar el origen judaico e intertestamentario del milenarismo, entendido como un período de mil años de gobierno de Dios sobre la tierra, antes del fin. Dentro del judaísmo, los rabinos hablaban de una época mesiánica cuya duración era incierta. Algunos de ellos se referían a cuarenta años, una especie de rememoración del éxodo, otros a cuatrocientos años y, finalmente, algunos hablaban de mil años. Según esta última concepción, la historia estaba dividida en semanas de milenios. "Los seis primeros son de lucha. El último, el mesiánico, será un pacífico goce de los bienes temporales y riquezas, en la sujeción de los pueblos y el triunfo de Israel".[1] El libro apocalíptico llamado 4 *Esdras* contiene una referencia a un reinado del Mesías. En el capítulo 7 de esa obra, el Mesías es llamado "mi hijo" y se dice que reinará durante cuatrocientos años sobre la tierra para luego morir. Después de esto, habrá siete días de silencio primordial, seguidos por la resurrección y el juicio.[2] Comentando el hecho, dice Collins: "Encontramos una escatología similar, en dos etapas, en el que es —en términos generales— libro contemporáneo de Apocalipsis, donde Cristo reina sobre la tierra por mil años antes de la resurrección y la nueva creación (Apocalipsis 20)".[3]

---

1 Sebastián Bartina, "Apocalipsis de San Juan", en *La Sagrada Escritura. Nuevo Testamento,* B.A.C., Madrid, 1967, Vol. III, pp. 589-590.

2 Textualmente, *4 Esdras* dice: "Mi Hijo, el Mesías, será revelado, junto con todos los que están con él, y se gozará con los sobrevivientes durante cuatrocientos años. Y después de estos años mi Hijo, el Mesías, morirá, y todo aquello en lo que hay aliento humano. Entonces el mundo será devuelto al silencio primordial durante siete días, como en el primer principio, pues no quedará hombre con vida" (*4 Esdras* 7.28-29, citado por William Barclay, *Apocalipsis,* La Aurora, Buenos Aires, 1975, p. 439).

3 J. Collins, *The Enciclopedia of Apocalyptism,* Vol. I, *The Origins of Apocalypticism in Judaism and Christianity,* The Continuum Publishing Co., Nueva York, 1998, pp. 153-154. La idea de un reino milenial en la tierra también ejerció su influencia en la conquista de América. Parkinson Zamora indica al respecto la obra de John Leddy Phelan *The Millennial Kingdom of the Franciscans in the New World.* Véase Lois Parkinson Zamora, *Narrar el apocalipsis,* trad. María Antonia Neira Bigorrra, Fondo de Cultura Económica, México, 1994, p. 19. En su meduloso estudio de la presencia de la apocalíptica en la literatura latinoamericana, Parkinson Zamora analiza minuciosamente la novela de Carlos Fuentes *Terra nostra.* Precisamente en la narrativa de Fuentes es posible detectar referencias al tema, por caso, en el discurso del monje Simón que sentencia: "ni habrá un reino milenario que se realice en las almas de los creyentes, como pensó el especulador Orígenes, ni tendrá lugar en el espacio, como profetizó la locura joaquinita..." Carlos Fuentes, *Terra nostra,* 2da. edición, Editorial Joaquín Mortiz, S. A., México D.F, 1976, p. 136.

El término griego que se traduce "mil años" y del cual viene el latín *milenium* es *jília*, por eso al milenarismo se lo llama también *jiliasmo*. Esta palabra aparece sólo en Apocalipsis 20.2-7. Debemos admitir que aparece otra vez en 2 Pedro 3.8, donde el apóstol dice: "No se olviden, queridos hermanos, que para el Señor un día es como mil años, y mil años como un día". El trasfondo de 2 Pedro son los falsos maestros que niegan la *parusía* de Jesucristo. Esos herejes decían, palabras más, palabras menos: "El tiempo pasa, nos vamos poniendo viejos, y Jesucristo no ha regresado. Todo sigue igual, como al principio". Frente a ese tipo de críticas, el apóstol invita a comparar esa "demora" con la eternidad de Dios, quien no es regido por el tiempo.

Estas indicaciones son importantes y están dirigidas a resaltar el hecho que el fundamento bíblico para el milenarismo, entendido como mil años de reinado literal de Jesucristo sobre la tierra, es sumamente endeble, en el sentido que se trata de un solo pasaje bíblico (Ap 20.2-7) y dentro de un contexto apocalíptico que, como tal, recurre permanentemente a la simbología numérica.

2. Desarrollo histórico del milenarismo

Es oportuno ahora plantear la pregunta: ¿cómo se desarrollaron las ideas milenaristas en la historia de la Iglesia? De alguna manera, estas ideas se remontan a algunos padres de la Iglesia que vislumbraron una especie de reinado literal de Jesucristo sobre la tierra por mil años. Una de las instancias clave fue Montano quien, a mediados del siglo 2, pretendiendo ser un profeta de Dios, proclamó el tiempo del Espíritu Santo. Los énfasis carismáticos y sobre el obrar del Espíritu Santo habían cesado, pero Montano intentó recuperarlos. Este profeta, rodeado de dos profetisas, proclamó también que Pepuza, en el Asia Menor, era el lugar donde se concretaría la Nueva Jerusalén apocalíptica como reinado de Jesucristo en la tierra. Eusebio de Cesarea, primer historiador sistemático de la

Iglesia, en el siglo 4, interpretó el reinado de Constantino como el comienzo del milenio. Agustín de Hipona, el gran teólogo africano, en una primera etapa de su pensamiento suscribió a la idea de un milenio literal. Sin embargo, luego derivó hacia una idea espiritual del milenio. Agustín habla de dos maneras de interpretar los "mil años". Una considera que los mil años corresponden a "el milenio sexto, como si fuera el día sexto, cuyos últimos períodos están transcurriendo ahora".[4] "La otra modalidad —la más probable— de interpretar los mil años sería el tomar esta cifra por los años totales de este mundo, citando con un número perfecto la plenitud del tiempo. En efecto, el número mil equivale al cubo de diez. Diez por diez dan cien, es una figura cuadrada, pero simplemente plana".[5] Más adelante, San Agustín define mejor su interpretación del milenio: "Efectivamente, la Iglesia reina en compañía de Cristo ahora".[6] Esta interpretación agustiniana caracterizaría a muchas de las escatologías occidentales en el futuro, de manera especial en la Iglesia Católica.[7]

Contrariamente a lo que podría pensarse, la llegada del año 1000 no despertó una fiebre milenarista. Los "terrores del año 1000" fue una leyenda que se tejió recién en el siglo 15. Fue, en palabras de Georges Duby, "un espejismo histórico", que de todos modos no implicó el desconocimiento del fin del mundo. Dice Duby: "Existía la espera del fin de los tiempos. Debía venir un día que sería el último. En seguida se produciría el paso a un mundo impensable, el de lo eterno y lo infinito".[8] Pero la verdadera reactualización del milenarismo vendría con Joaquín de Fiore (1145-1202), fundador de un monasterio en Fiore, una

---

4 San Agustín, *La ciudad de Dios,* B.A.C., Madrid, 1988, Vol. 2, p. 655.

5 *Ibíd.*

6 *Ibíd.,* p. 669.

7 Bernard McGinn destaca la influencia de San Agustín señalando que "el poderoso ataque de san Agustín contra el milenarismo y las expectativas del fin ejerció enorme influencia durante los primeros siglos medievales: nadie rechazaría su argumento —al menos, no en forma directa— hasta la llegada de Joaquín de Fiore, al término del siglo XII" (Bernard McGinn, "El fin del mundo y el comienzo de la cristiandad", en Malcolm Bull, comp., *La teoría del Apocalipsis y los fines del mundo,* F.C.E., México, 1998, p. 81).

8 Georges Duby, *Año 1000, Año 2000. La huella de nuestros miedos,* Editorial Andrés Bello, Santiago de Chile, 1995, p. 128.

aldea de Calabria, Italia. Joaquín proclamó el advenimiento de la redención con la venida del Espíritu Santo. Sin embargo, lo nuevo en su enfoque fue la división de la historia en tres períodos. Siguiendo la idea trinitaria, Joaquín de Fiore hablaba de una primera época, la del Padre, caracterizada por la ley y el temor; de una segunda época, tiempo de Cristo, hasta el año 1260, caracterizada por la gracia y la fe; finalmente, de la era del Espíritu Santo, caracterizada por el amor y la obra del Espíritu. La influencia de Joaquín de Fiore se haría patente en varios teólogos y filósofos posteriores, entre otros, Tomás Müntzer, Gotthold Lessing y el propio Friedrich Engels.[9]

Debemos hacer una referencia al período de la Reforma, especialmente a Lutero y Tomás Müntzer.[10] Debido al clima de confusión y de inseguridad que se vivía hacia fines del 1521, Lutero intuyó la cercanía del día del juicio final. Es bien sabido que en su relectura histórica del Apocalipsis, Lutero identificaba Babilonia con la Roma católica, y el Papa con el Anticristo. Afirma: "En verdad, el papado no es otra cosa que el reino de Babilonia y del verdadero Anticristo".[11] Sin embargo, el más enérgico y violento apocalíptico de este período de la Reforma fue Tomás Müntzer, quien pugnó por hacer cumplir la voluntad de Dios y el Reino de Dios a través de la espada. En una apelación difundida en Praga en 1521, Müntzer instaba a purificar la Iglesia usando incluso la violencia física, en el espíritu del profeta Elías frente a los sacerdotes de Baal. El contexto social en que surge este movimiento contestatario y revolucionario tiene que ver

---

9 Resulta altamente significativo que Engels, el colaborador de Karl Marx, invitara a que coloquemos "la espada en torno de nuestras cinturas y arriesguemos alegremente nuestra vida en la última guerra santa, a la cual seguirá el reino de libertad de los mil años". La declaración fue formulada en 1842 y es citada por el filósofo Ernst Bloch en su obra *Das Prinzip Hoffnung* ("El principio esperanza" [Suhrkam Verlag, Frankfurt, 1959, p. 598]). Bloch considera que Joaquín de Fiore fue el más influyente pensador utópico de la Edad Media.

10 Aquí tomamos en cuenta la investigación de Alejandro Zorzín, "Escatología apocalíptica en la Reforma Protestante del siglo XVI: Martín Lutero, Tomás Müntzer y los anabaptistas radicales", IERP-ISEDET, Buenos Aires, 1999. Para un análisis de la revolución de los campesinos, la reacción de Lutero y el modelo de misión de los anabaptistas, véase Alberto F. Roldán, *Teologías de la Reforma*, Ediciones Kairós, Buenos Aires, 2017, con prólogo de C. René Padilla.

11 Martín Lutero, *La cautividad babilónica de la Iglesia*. *Obras de Martín Lutero*, Editorial Paidós, Buenos Aires, 1967, Vol. 1, p. 218.

con usura, pillaje y rapiña por parte de los señores feudales y los príncipes. Esa situación había llegado a tal grado que ya justificaba la toma de la espada para hacer justicia. Sin embargo, el fin de Müntzer fue trágico, ya que fue decapitado el 27 de mayo de 1525. Debe distinguirse entre la apocalíptica de la Reforma oficial (representada por Lutero) y la apocalíptica de la Reforma radical, porque "a diferencia de los apocalípticos inofensivos, los apocalípticos radicales son individuos disfuncionales para la continuidad de un orden institucional injusto".[12]

Respecto a nuestro ámbito latinoamericano, resulta significativa la influencia de las ideas milenaristas que se verificaron en la época de la Independencia, cuando se publicó la obra *La venida del Mesías en Reino y majestad*, del jesuita chileno Manuel Lacunza (n. 1731). Este libro tuvo varias ediciones, una de las cuales fue auspiciada por Manuel Belgrano. El mismo Sarmiento relaciona el milenarismo con la emancipación americana, cuando escribe: "Lo que es digno de notarse es que, pocos años después de producidos los *milenarios*, apareció la revolución de la Independencia de la América del Sur, como si aquella comezón teológica hubiera sido sólo barruntos de la próxima conmoción".[13]

Por lo que hemos expuesto, llama la atención que un fundamento bíblico tan escueto (Ap. 20.1-7) haya motivado tanto interés a través del tiempo y generado movimientos milenaristas de cuño muy diverso. También llama la atención que el milenio se haya transformado en el eje central a partir del cual se elaboraron las escuelas escatológicas. En efecto, éstas se diferencian entre sí a partir del uso de los prefijos *pre*, *pos* y *a* aplicados al milenio, los cuales indican distintas convicciones en torno a cuándo regresará Jesucristo: antes (*pre*), después

---

12 Zorzín, *op. cit.*, p. 31.
13 Citado por Daniel P. Monti, *La preocupación religiosa de los hombres de Mayo*, La Aurora, Buenos Aires, 1966, p. 42. Agrega Monti: "Y no andaba errado Sarmiento en su perspicaz observación a la época del mensaje apocalíptico de la Biblia, cuyas raíces están profundamente penetradas en el profetismo. Es la aplicación de las enseñanzas proféticas y todo intenso movimiento profético ha sido preludio de grandes crisis y transformaciones sociales y religiosas". Esa obra de Monti contiene un estudio minucioso de la obra de Lacunza y sus influencias en Belgrano, Sarmiento y Francisco Ramos Mejía (ver pp. 25-43).

(*pos*) o sin (*a*) milenio. A esas escuelas nos dedicaremos en los siguientes acápites.

3. El premilenarismo dispensacional

Comenzamos con el premilenarismo dispensacional, no porque sea la corriente teológica más antigua sino porque tiene una enorme influencia en el ámbito evangélico mundial, incluyendo nuestro contexto latinoamericano. En realidad, el premilenarismo dispensacional es una variante moderna del premilenarismo. En efecto, sus comienzos se remontan al siglo 19, pero se construye a partir de las ideas antiguas de los Padres de la Iglesia en torno a un reinado literal de Jesucristo sobre la tierra, antes del juicio final. A este último premilenarismo se lo llama "premilenarismo histórico" por el hecho que se remonta a los primeros siglos de la historia de la Iglesia. Debe quedar bien claro que no todo premilenarista es dispensacionalista, mientras que todo dispensacionalista es, por definición, premilenarista. El hecho que la idea de un reinado de mil años de Jesucristo en la tierra se remonte a los Padres de la Iglesia ha entusiasmado a los dispensacionalistas, hasta el punto que algunos de ellos formulan afirmaciones insostenibles. Por ejemplo, el alemán Erich Sauer dice: "En la primera época de la Iglesia todos los cristianos creían firmemente en el establecimiento del Reino visible de Dios en esta tierra".[14] Otro teólogo dispensacional, Lewis Sperry Chafer, valiéndose de un trabajo elaborado por Jorge N. H. Peters, ofrece un listado de autores que en los primeros siglos sostuvieron el premilenarismo. Entre otros, sugestivamente, aparecen los nombres de los apóstoles: Andrés, Pedro, Felipe, Tomás, Santiago y Mateo.[15] Tanto la afirmación de Sauer como la de Chafer parecen ser insostenibles. La primera, porque habría que preguntarse: ¿cuáles son las herramientas y los métodos históricos y documentales que

---

14 Erich Sauer, *El triunfo del Crucificado*, Publicaciones de la Fuente, México, 1951, p. 201.

15 Lewis S. Chafer, *Teología sistemática*, Publicaciones Españolas, Dalton, 1974, Vol. II, pp. 276-282.

permitan afirmar que "todos los cristianos" de la primera época "creían firmemente" en el reinado visible de Dios en la tierra? Y la segunda, porque no tenemos modo de conocer las ideas que los apóstoles tenían sobre el premilenarismo, desde el momento en que ni Andrés, ni Pedro, ni Felipe, ni Tomás ni ninguno de los que menciona Chafer se refieren específica y claramente al milenio. Es más, la mayoría de ellos no nos dejaron testimonios escritos a los cuales podamos recurrir para dilucidar la cuestión.

Lo que sí podemos afirmar con certeza es que, como admite el teólogo dispensacional Charles Ryrie, "no cabe duda que los Hermanos de Plymouth [...] tuvieron mucho que ver con la sistematización y la propagación del dispensacionalismo".[16] Uno de sus líderes más prominentes, Juan Nelson Darby (1800-1882), nieto del famoso Almirante Nelson —de ahí su segundo nombre— realizó una reinterpretación de la Biblia a partir de "dispensaciones", entendidas como "economías", en el sentido de diferentes tratos o convenios de Dios con la humanidad. Por eso se aplicó el nombre "dispensacionalismo" a su sistema teológico.[17] El propio Darby realizó varios viajes de visita a Estados Unidos y Canadá para propagar sus ideas.[18] En 1917, William Blackstone publicó su influyente obra dispensacional *Jesus Coming* (*Jesús viene*), de la cual se imprimió la friolera de trescientas cincuenta mil copias y posteriormente se tradujo a veinticinco idiomas. Sin embargo, el instrumento que popularizó el sistema fue la *Biblia anotada de Scofield*.

¿Qué afirmaciones hace el dispensacionalismo? Uno de sus postulados fundamentales es que las dispensaciones representan distintas formas en que Dios ha tratado con los hombres —dispensación de la ley, de la gracia, del gobierno

---

[16] Charles Ryrie, *Dispensacionalismo hoy*, Publicaciones Portavoz Evangélico, Barcelona, 1974, p. 85.

[17] El número de esas "dispensaciones" no es cosa fácil de determinar, ya que los teólogos de esta corriente no están de acuerdo entre sí en cuanto a su cantidad. En general, se habla de seis, siete u ocho dispensaciones, pero algunos se refieren a un número aún mayor. Ryrie admite ese hecho. Ver el cuadro ilustrativo en *Ibíd.*, p. 96.

[18] Para un estudio histórico de cómo se fue implantando el dispensacionalismo en América del Norte, ver C. Norman Kraus, *Dispensationalism in America*, John Knox Press, Richmond, 1958. Otro estudio importante es el de Clarence Bass, *Backgrounds to Dispensationalism*, Wm. Eerdmans Publishing Co., Grand Rapids, 1960.

humano, etc.—, y en todas ellas el hombre pone en evidencia su fracaso. Hay una antítesis flagrante entre la ley y la gracia, hasta el punto que el dispensacionalismo no logra armonizar ambas perspectivas.[19] Otro de los énfasis del dispensacionalismo es su hermenéutica literal. Dice Ryrie: "El literalismo consecuente es la base para el dispensacionalismo y desde que el literalismo consecuente es el lógico y obvio principio de interpretación, el dispensacionalismo está más que justificado".[20]

Además del concepto de "dispensaciones" y de su decidido literalismo en la interpretación de la Biblia, el dispensacionalismo hace un fuerte énfasis en Israel. Esto se explica de varias maneras. Por un lado, el dispensacionalismo parte de la presuposición que el Reino que Jesús ofreció a Israel era el reino teocrático de David, es decir, un reino terreno de carácter judaico, que no hay que confundir con el Reino de Dios en su sentido final. Cuando Israel rechaza este ofrecimiento, entonces, a manera de "cambio sobre la marcha", se suspende el Reino y Jesús funda la Iglesia. Hoyt señala: "Habiendo rechazado al Rey, la nación de Israel rechazó el reino que Cristo vino a establecer".[21] En forma todavía más enérgica dice Dwight Pentecost: "En las parábolas (Mt 13.1-50), el Señor reseña el programa del desarrollo del reino teocrático durante el período de ausencia del Rey, y anuncia el comienzo de un programa completamente nuevo, no anunciado, e inesperado: la iglesia (Mt 16.13-20)".[22]

Ya entrando en terreno decididamente escatológico, el dispensacionalismo afirma que la llamada "segunda venida de Jesucristo"[23] acontecerá en dos etapas. La primera de ellas,

---

19 En la primera edición en inglés de la Biblia Scofield, en la nota al pie de Juan 1.17, se dice que en el Antiguo Testamento los hombres se salvaron por la ley, mientras que en el Nuevo Testamento, lo hicieron por la gracia. Tamaño error fue advertido por los teólogos del sistema, hasta el punto de quitar ese concepto de las ediciones posteriores.

20 Ryrie, *op. cit.*, p. 97.

21 Herman A. Hoyt, "Dispensational premillennialism", en Robert G. Clouse, ed., *The Meaning of the Millennium: Four Views*, InterVarsity Press, Illinois, 1977, p. 67.

22 Dwight Pentecost, *Eventos del porvenir*, Editorial Libertador, Maracaibo, 1977, p. 351.

23 La expresión "segunda venida" con referencia a la *parusía* ha sido objetada por algunos teólogos. A ello podemos decir que la idea está insinuada en Hebreos 9.28, donde se afirma que Cristo "aparecerá por segunda vez". La palabra griega traducida

llamada "el rapto" o "el arrebatamiento", será la toma de la Iglesia por parte de Jesucristo para ser llevada a los cielos, en cumplimiento, se dice, de las predicciones de San Pablo en 1 Tesalonicenses 4.13ss. Esta primera etapa de la segunda venida —esperamos no confundir demasiado al lector— sería inminente. La segunda etapa será "la revelación", es decir, la venida de Jesucristo al mundo. En la práctica, estamos en presencia de "dos segundas venidas": una para la Iglesia y la otra para el mundo. Samuel Vila lo admite sin ambages: "Todo queda aclarado y en su lugar, aceptando la hipótesis, bastante probada, de que tendrán lugar dos venidas, una secreta y otra pública".[24]

¿Cuál es la razón subyacente que motiva este postulado de una venida secreta y otra pública de Jesucristo? La motivación pareciera ser huir de la gran tribulación. En efecto, ese "rapto secreto" está destinado a liberar a la Iglesia de los terribles castigos que se desatarían sobre el mundo durante ese período. El dispensacionalismo afirma que durante la gran tribulación los judíos predicarán "el evangelio del Reino", y muchos judíos y gentiles se convertirán. Al término de la misma, Jesucristo regresará al mundo y establecerá el reino milenial, es decir, mil años exactos durante los cuales él reinará desde Jerusalén y se reanudarán los sacrificios del Antiguo Testamento en el templo reedificado. Será un tiempo de prosperidad, paz y justicia nunca conocidos en la historia del mundo.[25] La explicación para el logro de esas metas radica en el apresamiento de Satanás durante esos mil años, tal como lo expresa Apocalipsis 20.

Todavía al final del milenio, Satanás hará un esfuerzo

"segunda" es *deuterou*, que significa simplemente "segunda". Creemos que es legítimo usar la expresión acuñada "segunda venida", siempre que no queramos implicar con ello la ausencia de Jesucristo con su pueblo hoy. Se trata, en todo caso, de su venida o presencia en gloria para llevar la historia a su culminación.

24 Samuel Vila, *Cuando Él venga*, Clie, Barcelona, 1967, p. 134.

25 Pentecost ofrece abundante material sobre estos aspectos del milenio (ver *op. cit.*, pp. 363-414). Por su parte el teólogo cubano –radicado en España- Evis Carballosa, es autor del libro *Cristo en el milenio. La gloria del Rey de Reyes*, Portavoz Evangélico, Grand Rapids, 2007, donde vincula a la cristología con la escatología exponiendo lo que considera será la función de Cristo en ese período mientras critica a quienes trasladan las profecías bíblicas del milenio al Reino eterno.

postrero por lograr la hegemonía universal, pero será derrotado y lanzado al lago de fuego (Ap 20.7-10). Los muertos resucitarán y comparecerán ante el gran trono blanco y serán juzgados. Luego vendrá el estado final de la creación de Dios con el cielo nuevo y la tierra nueva.

Estamos en presencia de una escatología muy elaborada, imaginativa y creativa, tanto por sus énfasis como por sus detalles. Esta escuela es sumamente influyente en amplios sectores de las iglesias evangélicas en América Latina, aunque no las abarca en su totalidad, ya que en muchas iglesias la cuestión del milenio no es criterio de ortodoxia teológica.

Desde la década de 1960 hay una revisión de esta escuela que se denomina "dispensacionalismo progresivo". Craig Blassing y Darrel Bock son autores de un libro que expone esa nueva corriente cuyo título es: *Progressive Dispensacionalism*.[26] Aunque en líneas generales estos teólogos estadounidenses suscriben a los postulados del dispensacionalismo clásico, difieren del mismo admitiendo el carácter progresivo de la revelación, afirmando la presencia del Reino de Dios en la vida y misión de la Iglesia en el presente. Ignoramos hasta qué punto este nuevo punto de vista sobre el Reino de Dios ha influido decisivamente en las escuelas y centros de estudio teológico representativos del dispensacionalismo clásico.

4. El premilenarismo histórico

Esta escuela de escatología coincide con el dispensacionalismo en que interpreta literalmente el milenio de Apocalipsis 20. Se llama "premilenarismo histórico" porque se remonta a los Padres de la Iglesia. Sin embargo, mientras está de acuerdo con el dispensacionalismo en ese punto, mantiene serias diferencias con sus otros postulados. Efectivamente, el premilenarismo histórico cuestiona la interpretación judaica

---

26 Craig A. Blaising-Darrell L. Bock, *Progressive Dispensationalism*, Baker House, Grand Rapids, 1993

del reino ofrecido por Jesús. Como dice George Ladd, uno de los expositores más importantes de esta corriente:

> No estamos en la obligación de interpretar la oferta del reino por parte de Jesús a la luz de la comprensión judaica acerca del mismo, así como tampoco tenemos la obligación de interpretar su mesianismo a la luz de la interpretación judaica. Es el testimonio inspirado y no la teología judaica lo que debe guiarnos.[27]

Los argumentos que esgrime el premilenarismo histórico para fundamentar su posición son los siguientes: a) las parábolas del Reino (Mt 13 y paralelos) implican un reino espiritual "en misterio", que debe interpretarse como la forma actual del Reino de Dios y no una suspensión del mismo; b) a partir de Juan 3, al Reino de Dios se ingresa por un nuevo nacimiento, lo cual también implica la presencia del Reino hoy; c) aunque nacionalmente Israel rechazó el ofrecimiento del Reino, un grupo sustantivo de israelitas sí lo aceptó, y es a partir de ellos que se integra el nuevo pueblo de Dios: la Iglesia.

El premilenarismo histórico tampoco suscribe la "inminencia" de la parusía o segunda venida de Jesucristo, sino que interpreta que esa gloriosa venida será precedida por eventos escatológicos. En otros términos, no hay "rapto secreto" sino que antes del retorno de Cristo se manifestará el misterio de la iniquidad o de la ilegalidad. Esto ocurrirá en cumplimiento del anticipo de San Pablo en 2 Tesalonicenses 2, en el cual corrige la inminencia que parece indicar en 1 Tesalonicenses 4.13ss, inminencia que habría traído consecuencias graves en la conducta de algunos creyentes de Tesalónica, quienes —como Cristo ya estaba a las puertas— habrían dejado de trabajar y de ocuparse de "las cosas del mundo".[28]

Para el premilenarismo histórico, no existen diferencias entre los términos griegos que se refieren a la gloriosa venida de Jesucristo. Trátese de *parousia* ("presencia" o "arribo", ver Fil 2.2; 1Co 16.17; 2Co 7.7; 1Ts 2.19; 3.13; 4.15; 5.23; 2Ts 2.1 y 8),

---

[27] George E. Ladd, *Crucial Questions about the Kingdom of God*, Wm. Eerdmans Publishing Co., Grand Rapids, 1952, p. 114.
[28] Ver su fuerte alegato ético en 2Ts 3.

apocalipsis ("revelación", ver 2Ts 1.7; 1Co 1.7; 1P 1.7 y 13) o *epifaneia* ("manifestación", ver 2Ts 2.8), siempre se trata del mismo evento escatológico bajo distintas nomenclaturas básicamente sinónimas. Según el premilenarismo histórico, tampoco deben hacerse distinciones entre las expresiones "día del Señor" (1Ts 5.2; 2Ts 2.2), "día del Señor Jesús" (1Co 1.8), "día de Cristo Jesús" (Fil 1.6) o "día de Cristo" (Fil 1.10; 2.16). En abierta oposición al dispensacionalismo, dice Ladd: "En vista del hecho que el Cristo exaltado es, para Pablo como para la Iglesia primitiva, el Señor (Fil 2.11; Ro 10.9), es obvio que los esfuerzos por distinguir entre día del Señor y día de Cristo, y encontrar en ellos dos diferentes programas escatológicos, uno para Israel y otro para Iglesia, están errados".[29]

Finalmente, para el premilenarismo histórico no hay "rapto secreto pretribulacionista" de la Iglesia. En este sentido, como dato altamente significativo, Ladd consigna que "Walvoord va tan lejos como para admitir que el 'pretribulacionismo', es decir, la venida de Cristo para la Iglesia antes de la gran tribulación, no se enseña explícitamente en la Escritura".[30]

En resumidas cuentas, nuestro estudio comparativo entre el premilenarismo dispensacional y el histórico nos permite afirmar que, en la práctica, el único punto importante que tienen en común es la creencia en un futuro milenio literal de Jesucristo en la tierra.[31] En todas las demás afirmaciones escatológicas existen serias divergencias entre ambas escuelas. Ahora nos referiremos brevemente al posmilenarismo.

---

29 Ladd, *A Theology of the New Testament*, Wm. Eerdmans Publishing Co., Grand Rapids, 1974, p. 555.

30 *Ibíd.*, p. 556. Este reconocimiento de John Walvoord —teólogo dispensacionalista— que la Biblia no enseña la teoría pretribulacionista aparece en su obra *The Rapture Question*. Sin embargo, Ladd aclara que esa admisión sólo apareció en la primera edición de esa obra, ya que en las ediciones posteriores fue decididamente borrada.

31 En cuanto a la comprensión que el premilenarismo histórico tiene del milenio literal, sus adherentes afirman simplemente que éste es una especie de extensión del actual reinado de Jesucristo —sin entrar en detalles o pormenores acerca de cómo será ese milenio—, y, obviamente, rechazan su carácter judaico.

5. El posmilenarismo

Loraine Boettner, uno de los más importantes voceros de este esquema, lo define del siguiente modo:

> El posmilenarismo es el punto de vista sobre las últimas cosas que sostiene que el reino de Dios ahora está siendo extendido en el mundo a través de la predicación del Evangelio y la obra salvadora del Espíritu Santo en los corazones de los individuos, que el mundo eventualmente será cristianizado y que el retorno de Cristo ocurrirá al término de un largo período de justicia y paz comúnmente denominado milenio.[32]

Habrían existido varias escuelas posmilenaristas. Ernest Kevan distingue dos, una antigua y otra más reciente. En su forma antigua, "algunos concibieron el milenio como algo del pasado, mientras que otros creyeron que pertenecía al futuro, posiblemente justo antes de la segunda venida".[33] La forma más reciente de posmilenarismo se relaciona con una descripción de corte humanista y evolucionista, caracterizada por una visión optimista, que contempla el mundo como un proceso de mejoramiento.

El posmilenarismo pareciera no tener representantes en los padres de la Iglesia. Sus principales exponentes en la historia fueron los puritanos de Inglaterra, en el siglo 16, quienes, en abierta crítica a las reformas de la Iglesia Anglicana —que ellos juzgaban insuficientes y superficiales—, pugnaban por una reforma mucho más profunda, al estilo de la que se había concretado en Ginebra, a instancias de Juan Calvino. Esta escuela produjo teólogos importantes como John Owen, Richard Baxter y John Bunyan (el autor del famoso libro *El progreso del peregrino*), entre otros. Sin embargo, lo importante en cuanto a la escatología se relaciona —según Iain Murray— con "una actitud hacia la historia y el mundo que los distinguió

---

32 Loraine Boettner, "Posmillennialism", en Robert G. Clouse, ed., *The Meaning of the Millenium: Four Views*, p. 117.
33 Ernest Kevan, "Milenio", en *Diccionario de Teología*, Tell, Grand Rapids, 1985.

como hombres de esperanza".[34]

Para el posmilenarismo, el milenio representa una edad de oro, un tiempo de prosperidad espiritual que se verificará en el presente tiempo de la Iglesia, en una especie de gran avivamiento que implicará la conversión masiva de gentiles y judíos, en cumplimiento de la visión paulina que encontramos en Romanos 11.25-27. Siempre dentro del tiempo de la Iglesia, se manifestará en el mundo el hombre de ilegalidad (2Ts 2.11ss.) y recién al final se producirá la segunda venida de Cristo, Satanás será derrotado, los muertos resucitarán y habrá cielo nuevo y tierra nueva.

Es fácil advertir que el posmilenarismo tuvo su momento de esplendor en el siglo 19, pero sufrió un colapso con las dos conflagraciones mundiales del siglo 20. Dwight Pentecost es rotundo cuando dice que "el *posmilenarismo* ya no es un problema en la teología. La Segunda Guerra Mundial le produjo la muerte a este sistema".[35] Sin embargo, parece que ese presunto estado mortal del posmilenarismo no armoniza con la existencia de algunos movimientos espiritualistas que postulan un gran avivamiento en la Iglesia antes de la segunda venida de Jesucristo, los cuales representan una forma de posmilenarismo de gran influencia hoy. Con todo, las críticas al posmilenarismo se han sustentado en los siguientes ejes: a) es difícil esperar a Cristo si sabemos que antes debe producirse un período milenial; b) la visión optimista de la historia que impregna el sistema parece no armonizar con pasajes bíblicos que hablan de persecuciones y de una repentina venida de Cristo; y c) el sistema tiene escaso fundamento bíblico.

No obstante, es posible detectar hoy algunas nuevas formas de posmilenarismo, especialmente en los ámbitos de la renovación carismática evangélica. Por caso, el historiador Pablo Deiros ensaya una escatología construida dentro de esa

---

34 Iain Murray, *The Puritan Hope*, The Bunner of Truth, Londres, 1971, p. xxi. En su influyente artículo "Iglesia y teología en la vorágine de la revolución", Richard Shaull analiza el rol social de los puritanos en Inglaterra, impulsado por sus ideas teológicas (en *De la Iglesia y la sociedad*, Tierra Nueva, Montevideo, 1971, pp. 23-48).

35 Pentecost, *op. cit.*, p. 294.

vertiente cuando afirma:

> En un tiempo apocalíptico como el que vivimos y con un *eschaton* magnificado, la historia debe leerse no desde el presente hacia el pasado, sino desde el futuro hacia el presente. Desde esta perspectiva, el paradigma de la cristiandad, que está profundamente internalizado en todas las expresiones del cristianismo tradicional, después de tantos siglos de vigencia, está en crisis. Y lo está, supongo, no por iniciativa humana sino por la irrupción redentora de Dios en preparación del retorno glorioso de Cristo.[36]

El autor afirma que vivimos en un tiempo apocalíptico y entiende que el modelo de cristiandad está caduco y es reemplazado por lo que denomina "modelo apostólico" que él ve reflejado en los movimientos de renovación, los prodigios, señales, maravillas, sanidades y poder espiritual. Más allá de que debemos consignar que la nomenclatura "modelo de cristiandad" ha sido ampliamente desarrollada por Enrique Dussel,[37] el autor muestra su entusiasmo al punto de considerar el cristianismo denominacional e histórico en crisis terminal sin ningún reconocimiento de los aportes que ha hecho en la historia de la cultura a partir de la Reforma Protestante. Finalmente, entiende que "todo esto puede estar poniendo en evidencia el anunciado derramamiento del Espíritu Santo sobre toda carne"[38] como paso previo a la gloriosa venida de Jesucristo. Se trata, en suma, de una visión escatológica alineada con el posmilenarismo.

6. El amilenarismo

El término "amilenarismo" se aplica a la corriente escatológica que postula que el milenio no debe entenderse como un período

---

36 Pablo A. Deiros, "El 'avivamiento' espiritual en la Argentina en perspectiva histórica", *Boletín Teológico,* Nro. 68, FTL, Buenos Aires, octubre-diciembre de 1997, p. 32.
37 Véase Enrique D. Dussel, *Desintegración de la cristiandad colonial y liberación,* Sígueme, Salamanca, 1978.
38 *Op. Cit.,* p. 32.

literal de gobierno de Jesucristo sobre la tierra. Lo que caracteriza a esta escuela, entonces, es su acercamiento hermenéutico al texto de Apocalipsis 20.1-7. En efecto, a diferencia de las otras perspectivas ya estudiadas, el amilenarismo entiende que se trata de un pasaje de naturaleza apocalíptica, el cual no debe interpretarse en términos literales sino simbólicos.

David Bruce[39] afirma que varios padres de la Iglesia suscribieron este tipo de interpretación, entre los que menciona a Policarpo de Esmirna, Bernabé, Clemente y el documento llamado *Didajé* (La enseñanza de los apóstoles). Algunos historiadores ubican a San Agustín entre los adherentes a esta escuela de escatología, a partir de su enfoque del milenio expuesto en su obra *La ciudad de Dios*, tal como lo describimos en el acápite 2.

Algunos amilenaristas han objetado el término "amilenarismo" porque, como dice Anthony Hoekema, sugiere que sus adherentes no creen en ninguna forma de milenio o que simplemente ignoran el pasaje de Apocalipsis 20.1-7. Por tal razón, Hoekema propone reemplazar la expresión por "milenarismo realizado".[40] De todos modos, no se trata de algo tan importante. Lo decisivo es la interpretación que el amilenarismo hace de este pasaje clave, considerado simbólico del tiempo actual de la Iglesia. Cristo ha ganado la victoria decisiva sobre el pecado, la muerte y Satanás, y, a partir de ello, reina ya. Precisamente, otro de los énfasis del amilenarismo radica en la afirmación de la presencia del Reino de Dios. No hay tal cosa como una suspensión del Reino —a la manera del dispensacionalismo— ni debe esperarse un reinado milenario sobre la tierra. En otros términos, hablar del Reino de Dios significa referirnos a un Reino ya presente a partir de la obra de Jesucristo, y de ese Reino eterno y consumado.

Respecto a Apocalipsis 20, cuando se dice que Satanás será apresado, los amilenaristas no lo entienden como algo referente al futuro sino como algo actual, en el sentido que Satanás no

---

39 David Bruce, "Approaches to biblical prophecy", en *Christian Arena*, IVP, Londres (marzo de 1985):21.
40 Anthony Hoekema, "Amillennialism", en Robert G. Clouse, ed., *The Meaning of the Millennium: Four Views*, p. 155.

puede impedir que las personas oigan el mensaje del Evangelio del Reino y, por la fe en Jesucristo, experimenten su poder. Además, los amilenaristas interpretan los "tronos" (v. 4) como una referencia a tronos celestiales y no terrenales. Fundamentan su exégesis apelando al hecho de que la palabra griega *zronos* ("tronos"), presente 47 veces en el Apocalipsis, salvo en tres ocasiones (2.13; 13.2 y 16.10), se refiere a tronos ubicados en los cielos. Con este argumento, parece atendible pensar que esos tronos de 20.4 son otra referencia a los cielos y no a un supuesto gobierno milenario en la tierra, como afirma el premilenarismo dispensacional. Hoekema concluye una amplia explicación del tema enfáticamente: "El milenio es ahora, y el reinado de Cristo con los creyentes durante este milenio no es un reinado terrenal sino celestial".[41]

Finalmente, el amilenarismo entiende que la segunda venida de Jesucristo será precedida por ciertos eventos como la predicación del evangelio a todas las naciones, la conversión de la plenitud de Israel, la gran apostasía, la gran tribulación y la venida del Anticristo. Entonces, volverá Cristo en un solo evento escatológico —que podemos llamar indistintamente *parusia*, *apocalipsis* o *epifania*—, los muertos en Cristo resucitarán con cuerpos de gloria y los que estén vivos serán transformados en un momento (1Ts 4.13ss.). Luego vendrá el juicio final, que determinará el destino eterno de las personas, para dar lugar, entonces, a la consumación del Reino de Dios: cielo nuevo y tierra nueva.

7. Escatología ciencia ficción

Una forma extrema de premilenarismo dispensacional ha venido gestándose a través del tiempo, logrando, a partir de la década de 1970, un gran impacto de ventas gracias a su carácter sensacionalista. Decimos que se trata de una forma extrema

---

[41] Anthony Hoekema, *La Biblia y el futuro*, Subcomisión Literatura Cristiana, Grand Rapids, 1984, p. 263. En esta obra, una ampliación del artículo de Hoekema citado en la nota anterior, se puede ver una amplia crítica del dispensacionalismo y una exégesis de Apocalipsis 20. Ver especialmente pp. 221-268.

porque no está a la altura de los trabajos más serios encarados por teólogos dispensacionalistas como John Walvoord, Dwight Pentecost o Charles Ryrie. Por el contrario, es una literatura superficial, con poco rigor exegético y teológico, y altamente especulativa. Una de las obras que representa esa línea es la de Hal Lindsey, *The Late Great Planet Earth* (*La agonía del gran planeta tierra*).[42] Partiendo de la firme convicción del "rapto secreto" de la Iglesia y de una serie de hechos mundiales —como el Mercado Común Europeo y el ascenso de la URSS, el cual, obviamente, el autor consideraba peligroso—, Lindsey no dudó en identificar personajes y movimientos que indicaban un final cercano para el mundo. Entre otros hechos, el autor relacionaba a la URSS con el Anticristo apocalíptico. Fiel a su escatología de corte judaico, Lindsey entendía que a la cifra 1948 —año de la creación del moderno estado de Israel— había que sumarle otra cifra clave, 40, según su hermenéutica el número exacto de una generación en la Biblia (ver Mt 24.35). Mediante esta extraña exégesis de Lindsey, el lector era invitado a hacer una simple operación aritmética con la cual llegaba a "descubrir" la fecha de la venida de Jesucristo: 1988. "¿Habrá que recordar que se equivocó?"[43]

En su enfoque, Lindsey también expresaba una tónica bastante común en esta perspectiva extrema del dispensacionalismo, toda vez que indicaba que "por más negro que parezca este cuadro, el futuro nunca fue más brillante, pues a medida que las cosas están más difíciles en este viejo mundo, esto significa que la venida del Mesías Jesús está mucho más cerca".[44]

---

42 Este libro de Lindsey fue publicado por primera vez en 1970 y en febrero de 1972 ya iba por la 18a reimpresión. Su traducción al castellano fue presentada en 1972 por Ediciones Libertador, de Maracaibo, Venezuela. En portugués fue publicada en 1976 por Mundo Cristão, de San Pablo.

43 Tomamos esta pregunta del ensayo de Santiago Kovadloff titulado "Mayorías, minorías", cuya conclusión dice: "La ingenuidad le permitió a Sartre soñar, en algún momento, con un mundo capaz de disolver 'naturalmente' las diferencias de clase, de religión y de cultura. Creyó, por ejemplo, que en un escenario socialista pleno la condición judía sería asimilada por el ideal 'más alto' y universalista de la revolución. ¿Habrá que recordar que se equivocó?" Santiago Kovadloff, *Sentido y riesgo de la vida cotidiana*, Emecé, Buenos Aires, 1998, p. 63.

44 Citado en Carl E. Braaten & Robert W. Jenson, eds., *Dogmática Cristã*, Editora Sinodal, São Leopoldo, 1995, Vol. 2, p. 523.

Además de este lenguaje extrañamente animador —ya que postula que es casi mejor que las cosas en el mundo empeoren—, el contenido desliza una indisimulable dicotomía entre mundo e Iglesia, como si no debiera importarnos demasiado lo que ocurre en el mundo porque la Iglesia, que experimentará el rapto secreto, será liberada de todas las calamidades que sobrevendrán a la tierra.

¿Qué aconteció con esta perspectiva de Lindsey? Podríamos decir, en lenguaje periodístico, que a fines de la década de 1980 "Gorvachov pateó el tablero". Con la *perestroika* sobrevendría la desaparición de la URSS, a lo cual se sumaría luego la caída del muro de Berlín. Como dijéramos en otra obra, "el colapso del comunismo y la desaparición de la Unión Soviética han puesto en evidencia la superficialidad de estos 'mapas y esquemas escatológicos', obligando a un serio replanteo de los mismos".[45] Pero, ¿se hizo tal replanteo? ¿Se admitió el error? Lejos de ello, a fines de la década de 1990 asistimos a otro fenómeno. Dejando de lado lo que eran enfoques —diríamos— de "dispensacionalismo sistemático", actualmente ciertos autores norteamericanos, que suscriben a dicha perspectiva, se han inclinado decididamente al estilo ficcional. Es así como aparecen obras que hablan del "rapto de la Iglesia" y de un avión 747 cuyo piloto desaparece en pleno vuelo, lo cual hace pensar en filmes de la serie: "¿Dónde está el piloto?" Otras obras ficcionales hablan de comandos que actúan en plena tribulación mientras la Iglesia goza de las bendiciones celestiales.[46] En fin, se trata de imágenes apocalípticas propias de la ciencia ficción, que están lejos de ser el resultado de sólidos trabajos exegéticos y sistemáticos. Desaparecido "el peligro rojo", que en las coordenadas de esta escatología era el comunismo, los promotores de la misma no cejan en su intento por instalar en el inconsciente colectivo de los creyentes la idea de que el sistema sigue intacto. Podría decirse que la batalla continúa por otros medios. Antes de Gorvachov, el medio fue la

---

[45] Alberto F. Roldán, Prólogo a William Hendriksen, *La Biblia, el más allá y el fin del mundo*, Libros Desafío, Grand Rapids, 1998, p. 9.

[46] La fiebre apocalíptica bordeó el delirio con publicaciones que se refirieron "efecto 2000", el cual, como todos sabemos, no pasó de ser un susto al cual algunos apelaron para especular.

escatología sistemática. Ahora, el medio es la ficción.

En resumen, el milenarismo es el resultado de una interpretación cuyo fundamento escritural es sumamente endeble, ya que el único pasaje que habla del tema de manera explícita es Apocalipsis 20.1-7. Su origen, no obstante, es anterior, ya que se basa en algunos escritos apocalípticos intertestamentarios, especialmente 4 *Esdras*. Pese a tan escueto fundamento, ha gozado de mucho predicamento a través de los tiempos. Llama mucho la atención que las escuelas escatológicas más conocidas entre los evangélicos se hayan construido a partir de este eje del milenio. En este sentido, existen por lo menos cuatro enfoques que consideran la segunda venida de Jesucristo como algo que ocurre "antes", "después" o "sin" milenio. Debe distinguirse cuidadosamente entre el premilenarismo histórico y el dispensacional. Ambos suscriben a un milenio futuro de gobierno de Jesucristo sobre la tierra, pero el dispensacionalismo representa una escuela moderna de escatología, con afirmaciones que la hacen novedosa y llamativa. El posmilenarismo gozó de cierta adhesión antes del siglo 20, pero el advenimiento de las guerras mundiales motivó su pérdida de fuerza. Sin embargo, se mantiene revitalizado en las perspectivas misionológicas que postulan un gran avivamiento espiritual antes del regreso de Jesucristo. El amilenarismo se afirma en una exégesis que pretende tomar en cuenta el carácter apocalíptico del número mil en Apocalipsis 20. Además, una forma extrema de dispensacionalismo se ha venido gestando a partir de la década de 1970. Pese a quedar totalmente *off side* luego de los conmocionantes hechos de la desaparición de la URSS y la caída del muro de Berlín, esta corriente no abjura de sus postulados centrales. Por el contrario, dejando de lado lo expositivo y doctrinal, sus exponentes siguen insistiendo en las mismas afirmaciones de antes, sólo que ahora las expresan a través de la vertiente ficcional.

Llegados a este punto corresponde preguntarnos: ¿qué escatologías se elaboraron en América Latina? ¿Qué elementos escatológicos se pueden apreciar en el culto evangélico latinoamericano a través de su himnología y sus cánticos? Estos temas serán desarrollados en el próximo capítulo.

IV

La escatología en la teología latinoamericana

> La resurrección no cancela la cruz, ni asegura una victoria visible, sino que más bien confirma la praxis de Jesús de amor y justicia, y así nos invita a participar en esa praxis, en la seguridad de que tal praxis no está perdida, sino que siempre está recuperada e incorporada al futuro del reino.
>
> José Míguez Bonino

¿Qué escatologías se han producido en el ámbito de la teología latinoamericana? ¿Cuáles son sus énfasis y sus silencios? ¿Cómo dialogan esas escatologías con la cultura latinoamericana, tanto en sus expresiones populares como literarias? ¿De qué manera se expresa la escatología en los himnos y los cánticos de las iglesias evangélicas? ¿Conducen esas expresiones culturales a una acción dinamizada por la esperanza o, por el contrario, significan una especie de escape de la realidad, que plantea un futuro reducido a "un celeste porvenir"? Se trata de un tema muy amplio, imposible de abordar en toda su dimensión en esta obra. Nos limitaremos, por lo tanto, a esbozar algunas escatologías sistemáticas, tanto católicas como protestantes y, luego, a analizar el contenido escatológico expresado en himnos y cánticos cristianos, antiguos y modernos. Incluimos esto último porque estamos convencidos de que, en última instancia, la teología que vive la iglesia es la que se expresa en su culto e himnología. Ante la imposibilidad de ser exhaustivos, hemos escogido dos obras de escatología sistemática de vertiente católica y obras de dos teólogos protestantes. En lo que se refiere a la himnología, el análisis se limitará a algunos himnos ya clásicos y a cánticos de amplio uso en las iglesias evangélicas hoy.

1. Escatología en la teología católica

Leonardo Boff (1938-), teólogo católico brasileño, presenta su escatología sistemática en su obra *Hablemos de la otra vida*.[1] La misma está escrita con fluidez comunicativa y aborda los temas clásicos de la escatología católica. Boff define la escatología como "hablar del presente en función del futuro".[2] Siguiendo a Rahner, aclara que "no es un reportaje anticipado de acontecimientos que sucederán en el futuro sino la transposición, en el modo de plenitud, de lo que vivimos aquí bajo el modo de deficiencia".[3] Un punto importante es la doble crítica que Boff realiza a dos visiones erróneas del Reino: la visión alienante y la visión "eclesiocéntrica". La primera consiste en proyectar el Reino sólo al futuro, con lo cual se abandona toda expectativa de la irrupción del Reino desde los cielos como novedad salvífica de todas las cosas. Como ejemplos históricos de esta concepción, cita a valdenses, albigenses, husitas, Joaquín de Fiore, Savonarola y, finalmente, a "los apocalípticos populares en el Sertão del nordeste y en el sur del Brasil, [que] se expresaban en un lenguaje de fuga del mundo y escapismo respecto a la construcción de la ciudad terrena".[4] La otra concepción errónea consiste en la "eclesialización" del Reino de Dios, es decir, la institucionalización de la esperanza cristiana. En otras palabras, la ecuación Reino de Dios = Iglesia. Boff amplía en tono crítico:

> El Reino de Dios es considerado en la línea de la creación: se va formando lentamente a lo largo de la historia. Con Cristo, con la Iglesia y con el Sacro Imperio recibe su forma plenaria. Criticar a la Iglesia y rebelarse contra

---

1 Leonardo Boff, *Hablemos de la otra vida*, 7ma. ed., Sal Terrae, Santander, 1991. A esta obra se podría agregar también su *Ressurreição de Cristo. A Nossa Ressurreição na Morte*, Vozes, Petrópolis, 1980.
2 *Ibíd.*, p. 27.
3 *Ibíd.*, p. 28.
4 *Ibíd.*, p. 30.

los actos del Sacro Imperio es un pecado contra Dios y contra su Reino.[5]

Boff pone en evidencia la influencia del filósofo marxista Ernst Bloch en su concepción escatológica. Rescata su "principio esperanza" como fuente de utopías. Ese principio "es una fuerza que penetra todas las virtudes y hace que éstas se mantengan siempre abiertas a un crecimiento indefinido".[6] Aclara que "utopía" no es simplemente sinónimo de fantasía, como cree la mayoría de la gente cuando usa el término en expresiones como "eso que dices es demasiado utópico". Por el contrario, "la utopía manifiesta el ansia permanente de renovación, regeneración y perfeccionamiento buscados por el hombre".[7] Esto le permite a Boff relacionar la utopía con las visiones del Apocalipsis acerca de la Nueva Jerusalén, donde no habrá más dolor, luto, llanto ni muerte sino un cielo nuevo y una tierra nueva (Ap 21.4, 5).

Luego Boff se refiere al tema de la muerte, a la que concibe como "fin plenificante de la vida". Lejos de enfatizar el carácter negativo de la muerte, como "salario del pecado" (Ro. 6.23), Boff interpreta "fin" no tanto como la terminación de la vida sino como la "meta" de la vida. Evidenciando cierta influencia de Heidegger (el hombre es "ser-para-la-muerte"), Boff dice que "el hombre va muriendo a plazos; cada segundo y cada minuto

---

[5] *Ibíd.*, p. 31. Cabe aclarar que esta reducción del Reino a la Iglesia ha sido característica de la teología católica clásica y se podría remontar a las ideas de Agustín de Hipona quien, según palabras de Hans Küng, "eclesializa el quiliasmo apocalíptico, en cuanto la Iglesia es vista por él como la forma histórica del reino milenario y, por ende, como el reino de Cristo" (*La Iglesia*, 5ta. ed., Herder, Barcelona, 1984, p. 113). El propio Küng critica esa interpretación porque "en lugar de la identidad, hay que recalcar la *diferencia* radical que hay entre 'Iglesia' y 'reino de Dios'. Si lo que en el Nuevo Testamento se predica del reino de Dios se aplica a la Iglesia, no se podrá evitar una intolerable glorificación de la misma. [...] *Ekklesia* es algo esencialmente presente y asumido en el futuro; *basileia* algo que irrumpe desde luego en el presente, pero también algo decididamente futuro" (*Ibíd.*, p. 115).

[6] Boff, *op. cit.*, p. 20.

[7] *Ibíd.*, p. 21. Para una interpretación filosófica del pensamiento de Bloch, ver el análisis de Emmanuel Lévinas en *Dios, la muerte y el tiempo* (Altaya, Barcelona, 2000, pp. 112-126), donde el filósofo lituano-francés de origen judío relaciona a Heidegger con Bloch y dice que, para el segundo, "la nada de la utopía no es la nada de la muerte. En Bloch no es la muerte lo que abre el auténtico futuro, sino que, al contrario, es el futuro auténtico donde debe comprenderse la muerte. Futuro de utopía como esperanza de cumplir lo que no es todavía" (*Ibíd.*, p. 119).

suponen algo de vida que se ha gastado".[8] Boff rechaza la idea clásica de que la muerte sea la "separación cuerpo/alma", porque "cuerpo es el hombre entero (con cuerpo + alma) en cuanto que es limitado, preso de las estrecheces de la situación terrena".[9] Y agrega: "La muerte no puede, por consiguiente, ser cualificada como separación entre el alma y el cuerpo, porque no hay nada que separar".[10]

En cuanto a su reflexión sobre la resurrección, Boff se muestra partidario de los conceptos creativos del teólogo y antropólogo jesuita Teilhard de Chardin, aunque no lo indica expresamente.[11] Es así como define la resurrección como "el toque final de la hominización". Dice Boff: "La resurrección expresa por lo tanto el punto final del proceso de la hominización, iniciado en los oscuros orígenes de la evolución ascendente y convergente: es la realización de la utopía humana y la floración del hombre revelado latente en el principio-esperanza".[12]

Con referencia al tema del juicio final, Boff ofrece elementos que es necesario subrayar. Por un lado, rechaza abiertamente la idea de un *limbus infantum*[13] pero, por otro lado, admite sin ambages la realidad de una nueva y final oportunidad de salvación: "Todo hombre un día se encontrará con Dios y con el Resucitado, aunque durante su existencia ni siquiera haya oído hablar de ellos. En un instante se ofrecerá a todos la oportunidad de ser cristianos, de optar por Dios y por Cristo".[14] Sin embargo, lo que quizás más llama nuestra atención es la clara defensa que Boff hace del purgatorio. Dedica el capítulo 4 para hablar

---

8 Boff, *op. cit.*, p. 37.

9 *Ibíd.*, p. 40.

10 *Ibíd.*, p. 41.

11 Cosa que sí hace en el apéndice final del libro titulado *El futuro del universo*, donde transcribe varios párrafos de la obra del, en su momento, cuestionado pensador e investigador jesuita, uno de los abanderados del llamado "evolucionismo teísta".

12 *Ibíd.*, p. 44.

13 *Ibíd.*, p. 51. Se trata de un supuesto lugar, pensado por San Agustín, donde irían las almas de los niños no bautizados.

14 *Ibíd.*, pp. 50-51. La especulación de Boff alcanza niveles insospechados cuando afirma que "el feto más minúsculo que murió y no tuvo su decisión se convertirá en adulto para entrar en la eternidad" (*Ibíd.*, p. 55).

del mismo, al que, en principio, define como "proceso de plena maduración ante Dios". Dice que "el purgatorio significa la posibilidad graciosa que Dios le concede al hombre de poder y deber madurar radicalmente al morir".[15] Cuando llega al fundamento bíblico, reconoce que "en vano buscaremos un pasaje bíblico que hable formalmente del purgatorio".[16] No obstante, apelando al principio hermenéutico que "los textos se deben leer y releer en el ambiente en que fueron escritos",[17] cita 2 Macabeos 12.39-46, al que considera "el texto más claro".[18] A partir de este endeble fundamento, Boff se refiere a la felicidad de las almas en el purgatorio, a la importancia de nuestras oraciones para acelerar el "proceso de maduración" de las mismas en ese lugar, e incluso a ofrecer expiaciones e indulgencias que, a modo de paréntesis, según Boff, "no quedan excluidas".[19] Llama la atención esta defensa del purgatorio que, aunque se alinea con la doctrina oficial de la Iglesia Católica, queda fuera de consideración o directamente es negado en la reflexión de importantes teólogos católicos hoy.[20]

En la parte final de su libro, Boff se refiere al cielo, el infierno y la consumación del mundo. Define al cielo como "la convergencia final y completa de todos los deseos de ascensión, realización y plenitud del hombre en Dios".[21] No es un "lugar" sino más bien "la situación de cuantos se encuentran en el amor de Dios y de Cristo. Por eso el cielo ya está aconteciendo aquí en la tierra (cf. Lc 10.10; Fil 4.3; Ap 20.15). Su plenitud, con todo,

---

15 *Ibíd.*, p. 60.
16 *Ibíd.*, p. 73.
17 *Ibíd.*
18 *Ibíd.* Luego, agrega otros textos: Mateo 5.25-26; 12.31-32; Lucas 12.59; 1 Corintios 15.29; 3.3, 11-15.
19 *Ibíd.*, p. 71.
20 En una obra reciente, Hans Küng afirma: "Ya hay muchos teólogos católicos que han *abandonado la idea de que exista un lugar* o un *tiempo* de purificación posterior a la muerte y, menos aún, un reino intermedio o una fase intermedia pospuesta a la muerte. En la Biblia no hay, en efecto, el menor fundamento para esa creencia" (*Credo. El símbolo de los apóstoles explicado al hombre de nuestro tiempo*, 3ra ed., Trotta, Madrid, 1997, p. 177, énfasis original).
21 Boff, *op. cit.*, p. 74.

todavía está por venir".[22] Apelando a las imágenes bíblicas, afirma que el cielo es banquete nupcial, visión beatífica, vida eterna y reconciliación total. En cuanto al "infierno", aunque dice que existe, "no es el de los diablos con cuernos".[23] Citando a Congar, rechaza esa imagen porque es fruto de "la fantasía religiosa, pintado y utilizado por predicadores fervorosos que estremecieron y atemorizaron a miles de personas".[24] Y, como en el caso del cielo, no es un "lugar" sino un "estado". También presenta las imágenes bíblicas del "infierno" como "fuego inextingible", "llanto y crujir de dientes", "tinieblas exteriores", "cárcel", "gusano que no muere", "muerte", "segunda muerte y condenación", e indica: "El valor de las imágenes reside en el hecho de ser imágenes, de mostrarnos la situación del condenado en cuanto irreversible y sin esperanza".[25]

Por último, Boff reflexiona sobre los alcances cósmicos de la escatología, afirmando que el mundo está consagrado a participar de la "divinización" y la "cristificación",[26] las cuales se concretarán a partir de la parusía de Cristo. Al respecto, aclara que "la venida de Cristo (parusía) constituye en realidad una 'epifanía' (aparición, manifestación), es decir, la emergencia de su presencia actuante en este mundo invisiblemente (cf. 1Jn 3.2)".[27]

A modo de evaluación, nos parece que la escatología de Boff, elaborada con un lenguaje atractivo, se estructura a partir de los paradigmas de pensadores como Ernst Bloch y Teilhard de Chardin. Se trata de una escatología cósmica e integral que, acaso impensadamente, sigue atada a presupuestos propios de la escatología católica clásica, como es el caso de su afirmación del purgatorio. A veces, también, esta escatología da la sensación de ser demasiado especulativa en afirmaciones sobre las cuales la Biblia guarda silencio, como cuando admite

---

22 *Ibíd.*, p. 75.
23 *Ibíd.*, p. 95.
24 *Ibíd.*, p. 96.
25 *Ibíd.*, p. 99.
26 *Ibíd.*, p. 119.
27 *Ibíd.*, p. 122.

una segunda oportunidad de salvación y dibuja un futuro escatológico de los niños no nacidos en la tierra, los cuales —dice— alcanzarán un pleno desarrollo en "el cielo".

João B. Libânio y María Clara L. Bingemer, católicos brasileños, teólogo jesuita y teóloga laica respectivamente, escribieron una obra conjunta titulada *Escatología cristiana*.[28] Libânio comienza admitiendo el avance de la problemática escatológica en las últimas décadas y aclara que la escatología no viene a responder preguntas sobre el modo en que acontecerán las realidades últimas. Porque las expresiones escatológicas "no son afirmaciones descriptivas, narrativas, pero implican un discurso performativo. No relatan, sino que provocan a las personas a la responsabilidad, a tomar actitudes delante de esa realidad".[29] Dado este presupuesto hermenéutico, el autor pasa luego a analizar la relación entre utopía y escatología. Se refiere a utopías históricas, como "El Paraíso Perdido", que muestran la aspiración o deseo de volver al pasado, la aspiración a una nueva sociedad. Por el contrario, la escatología cristiana está volcada al futuro. Hay utopías-fuga, las cuales son una especie de retorno a un pasado infantil. Con todo, señala: "Tales utopías levantan menos problemas a la Escatología que a otros departamentos de la Teología".[30] En todo caso, "la pregunta del cristiano comprometido es por la articulación de las esperanzas con la Esperanza escatológica, dialectizándolas. En otras palabras, ¿cómo las esperanzas humanas concretan, anticipan en realización a la Esperanza humana?"[31] Entre los factores que han reactualizado la reflexión sobre la escatología, Libânio menciona la futurología y el Club de Roma, al que hiciéramos referencia al final del capítulo 1.

Luego, el autor dedica un amplio espacio a reflexionar sobre las preguntas que surgen en el ámbito de los movimientos populares y la persistencia del imaginario religioso

---

28 La obra original en portugués se titula *Escatologia Cristã* (Vozes, Petrópolis, 1996, 3ra. ed.). Traducción castellana: *Escatología cristiana*, Ediciones Paulinas, Buenos Aires, 1995. En el presente capítulo traduzco directamente del original.

29 *Ibíd.*, p. 27.

30 *Ibíd.*, p. 32.

31 *Ibíd.*, p. 35.

tradicional. Reivindica, en ese contexto, la figura de María,[32] quien es representada en pinturas colocando su mano de misericordia sobre la balanza del juicio. Desde su perspectiva de teólogo católico, agrega: "La devoción a Nuestra Señora significó en el mundo católico cierto ablandamiento de los rigores escatológicos de la predicación. Compensación que frecuentemente faltó entre los protestantes, donde se impuso cierta rigidez".[33] De acuerdo con estas coordenadas interpretativas, la Virgen María es importante, como figura femenina, para representar una atenuación de los rigores y castigos. Dejamos de lado ahora esta cuestión mariológica —que se presta a la controversia y que, muchas veces, dificulta el diálogo constructivo entre católicos y protestantes— porque nos parece más relevante la referencia de Libânio al carácter escatológico de los movimientos populares en Brasil. Específicamente, se refiere al fenómeno Canudos. En la obra ya clásica de Euclides da Cunha, *Os Sertões*,[34] se hace referencia a hechos históricos acaecidos en 1873, en Canudos, en el Nordeste de Brasil, donde un tal Antônio Vicente Mendes Maciel, vulgarmente conocido como Antônio Conselheiro, inició su vida de peregrino como anacoreta sombrío, de cabellos largos, que llegaban a los hombros. Lo interesante radica en los elementos escatológicos que abundaban en su oratoria. Entre otros, Libânio cita de *Os Sertões* los siguientes: "En 1898 habrá muchos sombreros y pocas cabezas. En 1899 quedarán las aguas en sangre y el planeta ha de aparecer en el naciente con un rayo de sol".[35] A pesar de que los fieles seguidores de Conselheiro fueron derrotados en 1897, ellos vivieron una experiencia escatológica que Libânio relaciona con las ideas de Joaquín de Fiore. Dice el autor:

---

32 Literalmente, Libânio la llama "Nossa Senhora", como es habitual referirse a la Virgen María en el lenguaje cotidiano en Brasil, donde la expresión de admiración "¡Nossa Senhora!", o simplemente "¡Nossa!", viene a sustituir la menos usada: "¡Meu Deus do céu!" (¡Mi Dios del cielo!).

33 *Ibíd.*, p. 39.

34 E. da Cunha, *Os Sertões. Campanha de Canudos*, Liv. Francisco Alves, Río de Janeiro, 1979, 28a. ed. Esta obra y el hecho histórico inspiraron a Mario Vargas Llosa para escribir su famosa novela *La guerra del fin del mundo*. Hay una película brasileña sobre el tema de Canudos. En el capítulo 6 ampliamos los comentarios sobre esa obra.

35 *Os Sertões*, p. 132, citado por Libânio, *op. cit.*, p. 50.

No deja de ser interesante notar la semejanza con la "era del Espíritu" anunciada por el abad calabrés medieval Joaquín de Fiore. Esa espera de un tiempo en el que lo Divino abunde, más allá de la exégesis medieval y de la tradición espiritual joaquinita, se reanuda con las profecías de Joel, abundantemente retomadas por la Iglesia primitiva (Jl 3.1-5; Hch 2.14s.).[36]

Luego, Libânio desarrolla un esbozo histórico de la escatología. Destaca que los caminos de la teología erudita y oficial, en este caso católica, serán diferentes de los de la escatología popular. Menciona las influencias de teólogos como San Agustín y Orígenes, hasta llegar a mostrar el sesgo aristotélico que se da en la teología escolástica. Y agrega: "Así se consumó la bifurcación de esa escatología escolástica-aristotélica y la piedad popular de carácter escatológico-apocalíptico".[37] Después, el autor recorre el mismo camino histórico al que ya nos referimos en el capítulo 1, para destacar, finalmente, los casos de Jürgen Moltmann y Juan Bautista Metz como creadores de la teología de la esperanza y la teología política, respectivamente.

El capítulo 2 está consagrado al tema del núcleo escatológico fundamental. Comienza identificando lo escatológico con la proximidad de Dios. Sin embargo, la experiencia escatológica no queda allí, en un plano meramente subjetivo e individualista. Tiene también una expresión en la lucha y la caminata del pueblo en marcha que es "inspirado y sostenido por la fe. Son movimientos sociales populares de profunda marca religiosa, escatológica".[38] Libânio ensaya interpretaciones teológicas a poemas y cánticos populares que revelan contenidos escatológicos. Por caso, cabe citar la poesía del cantautor Chico Buarque de Holanda, "A pesar de você", que, en clave hermenéutica, significa para Libânio no sólo el contraste entre la arrogancia de los represores y la timidez amedrentada del pueblo sino también una irrupción de la esperanza. Dice el texto:

---
36 *Ibíd.*, p. 51.
37 *Ibíd.*, p. 64.
38 *Ibíd.*, p. 81.

Apesar de você
amanhã há de ser
outro dia
Eu pergunto a você
Onde vai se esconder
Da enorme euforia
Como vai proibir
Quando o galo insistir
Em cantar
Àgua nova brotando
E a gente se amando
Sem parar
....
Apesar de você
Amanha há de ser
Outro dia.
Inda pago pra ver
O jardim florescer
Qual você não queria
Você vai se amargar
Vendo o dia raiar
Sem lhe pedir licença
E eu vou morrer de rir
Que esse dia há de vir
Antes do que você pensa.[39]

Para Libânio, estas expresiones literarias deben ser interpretadas, en clave escatológica, como fuerza de esperanza, libertad y amor que no muere —a pesar de la sistemática represión a la que sus adherentes fueron sometidos—, porque "siempre renace en todos los tiempos, en todos los inviernos, por más largos y fríos que sean".[40]

---

39 Citado en *Ibíd.*, pp. 95-96. He optado por transcribir el texto original ya que es una canción popular ampliamente conocida. De todos modos, ofrecemos una posible traducción: "A pesar de usted/mañana ha de ser otro día/yo le pregunto a usted/adónde se va a esconder/de la enorme euforia/cómo va a prohibir/cuando el gallo insista en cantar/el agua nueva brotando/y la gente amándose sin parar./A pesar de usted/mañana ha de ser otro día./Todavía pago para ver/el jardín florecer/que usted no quería./Usted se va a amargar/viendo al sol brillar/sin pedirle permiso./Y yo me voy a morir de risa/ que ese día va a venir/antes de lo que usted piensa". Quizás una poesía equivalente, que expresa la misma idea de una esperanza que no se resigna, es la del argentino Víctor Heredia: "Todavía cantamos/todavía reímos/todavía soñamos/todavía esperamos…"

40 *Ibíd.*, p. 96.

La escatología entendida como "proximidad de Dios" tiene su máxima expresión en Jesús de Nazaret. Toda su predicación y su praxis se centraron en el Reino de Dios que es, fundamentalmente, acción soberana, libre, de Dios. Se trata de una proximidad salvífica que confronta a los hombres y mujeres con una decisión radical y un compromiso con un nuevo modo de ser. Jesús mismo, en su persona y acción, es la personificación del Reino de Dios. Citando las palabras del mismo Jesús en Lucas 17.20-21 respecto a que el Reino ya está presente, Libânio aclara:

> La predicación de Jesús nos da el criterio para señalar la presencia del Reino, pero nunca identificarlo totalmente. Siempre conserva su carácter de misterio, de fermento escondido, de simiente enterrada. A medida que los hombres, en conciencia y libertad, van respondiendo, a través de sus acciones, de su compromiso en la historia, a esas interpelaciones de Dios, ya se inicia la eternización del Reino.[41]

En el capítulo 4, Libânio se refiere al tema de la muerte, a la que define como un acto de la naturaleza, un acto personal y un acto social. Como acto de la naturaleza, la muerte es un hecho biológico. Como acto personal, significa "dar sentido" a la muerte. Es allí donde inserta la fuerte poesía del teólogo-poeta español, radicado en Brasil, Pedro Casaldáliga:

> *Ronda la muerte rondera,*
> *la muerte rondera ronda.*
> *Lo dijo Cristo,*
> *antes que Lorca.*
>
> *¡Que me rondarás, morena,*
> *vestida de miedo y sombra!*
> *¡Que te rondaré, morena,*
> *vestido de espera y gloria!*
>
> *(Frente a la Vida,*
> *¿qué es tu victoria?*
> *¡Él, con su muerte,*
> *fue tu derrota!)*[42]

---

41 *Ibíd.*, p. 131.
42 Citado en *Ibíd.*, p. 160.

Sin embargo, el enfoque más creativo de Libânio es el que se refiere a la muerte como hecho social, en el cual contrasta la muerte como "evento burgués" y la muerte en el mundo de los pobres. Dice: "La fe no puede hacer silencio delante de este desafío. La muerte burguesa surge como humanización. La muerte en el mundo de los pobres, a su vez, desvela la raíz de injusticia de esa sociedad burguesa. La fe se hace crítica en los dos casos".[43]

Sobre la resurrección de los muertos, el autor rechaza tanto presupuestos materialistas ("con la muerte todo termina") como animistas. Dentro de lo que llama "marcos plausibles" indica, por un lado, la clásica idea del alma separada del cuerpo y la resurrección final y, por el otro, el esquema de resurrección a la hora de la muerte. En todo caso, el énfasis recae en la parusía de Cristo, que nos revela que la historia humana no llegará a su plenitud ni por una dinámica inmanente ni por un determinismo histórico sino por la acción poderosa de Dios. En otro orden, llama la atención que Libânio también reivindique el purgatorio, en líneas muy parecidas a las que han sido expuestas en el caso de Boff.

El capítulo final de la obra, escrito por Maria Clara Bingemer, analiza el tema del destino eterno bajo las imágenes de cielo e infierno como promesa y posibilidad, respectivamente. El infierno es la posibilidad de frustración eterna. El "infierno", en todo caso, es una posibilidad que no es divina: "El origen de la existencia del infierno debe ser buscada en el propio ser humano".[44] Concibe el cielo como "la realización absoluta de la vida". Es el cielo de Jesucristo: la comunión —en el Espíritu— del pueblo de Dios. Apelando a metáforas ricas de sentido, dice Bingemer:

> No es un lugar al cual se llega, del lado de allá de la historia, sino el proceso histórico que, siendo gracia absoluta de Aquel que es fuente de toda Gracia, es también gestado y tejido en la trama concreta de las luchas, "angustias y esperanzas" de aquel que, en su

---

43 *Ibíd.*, p. 172.
44 *Ibíd.*, p. 260.

vida, lucha y construye el Reino de Dios."⁴⁵

Como teóloga, Bingemer se siente impulsada a citar las palabras de Simone Weil, la filósofa francesa de origen judío, muerta a los 34 años: "No debemos creer que el futuro lleva consigo un bien tal que apaga completamente nuestra ansia de felicidad. El futuro es hecho de la misma sustancia del presente".⁴⁶

A modo de evaluación, podemos decir que *Escatología cristiana* representa un aporte genuinamente latinoamericano a la reflexión cristiana sobre la escatología ya que, a partir de los datos bíblicos y las expresiones clásicas de la teología sistemática cristiana —en este caso católica—, se establece un diálogo creativo con la realidad brasileña, tanto en sus manifestaciones sociales y políticas como en sus expresiones culturales y literarias. Es posible, sin embargo, que los cambios geopolíticos en el mundo, en términos de globalización, economía de mercado y neoliberalismo, obliguen a hacer una relectura de algunas de sus propuestas. Con todo, se yergue como un modelo válido de escatología contextual y autóctona.

2. Escatología en la teología protestante

Teólogos ecuménicos de ISAL

Desglosamos nuestro análisis de la escatología en la teología protestante latinoamericana en dos espacios: Iglesia y Sociedad en América Latina (ISAL) y la Fraternidad Teológica Latinoamericana (FTL). Iglesia y Sociedad en América latina fue un movimiento pionero generado en las iglesias históricas especialmente de Sud América, a instancias del Consejo Mundial de Iglesias, que reflexionó sobre los grandes cambios sociales que se producían en el mundo en la década de 1960. Entre sus pioneros se destacan: Richard Shaull, Rubem Alves, José Míguez Bonino y Julio de Santa Ana, entre otros. Tiene el

---
45 *Ibíd.*, p. 278.
46 Simone Weil, *Obbedire all'amore nella giustizia*, p. 267, citado en *Ibíd.*, p. 282.

honor de haberse anticipado a lo que luego fue la teología de la liberación. Por razón de espacio, aquí sólo exponemos los conceptos centrales de Rubem Alves y José Míguez Bonino.

Rubem Alves (1933-2014), teólogo brasileño, de origen presbiteriano, ha sido uno de los teólogos más lúcidos dentro del ámbito de pensadores protestantes de la segunda mitad del siglo 20. Fue uno de los abanderados del movimiento ISAL (Iglesia y sociedad en América Latina)[47] y uno de los pioneros de la teología de la liberación. Como fuente para nuestro análisis de su escatología, recurrimos a su tesis doctoral: *A Theology of Human Hope* ("Una teología de la esperanza humana").[48] En esta obra, Alves plantea el tema de la búsqueda humana de la libertad, la que sólo puede materializarse a través de lo que denomina "humanismo político". Dice Alves:

> Contemplamos hoy el nacimiento de un nuevo tipo de conciencia y oímos su lenguaje nuevo. Un lenguaje renovado, como ya hemos indicado debido a que expresa un cierto tipo de experiencia, y determina una comunidad.[49]

Alves analiza la situación del Tercer Mundo y la del mundo negro en los Estados Unidos y dice que el colonialismo no es algo nuevo, sino un fenómeno antiguo. Sin embargo, algo está cambiando: ahora la conciencia de los oprimidos intenta liberarse. Según Alves,

> el hombre todavía oprimido habla un lenguaje diferente. Es un lenguaje propio, que indica que emerge en la historia. Ve la situación opresora que lo domina.

---

[47] Para un análisis de la historia y los énfasis de este movimiento surgido en el Río de la Plata y que tuvo una década de existencia oficial (1961-1971), ver el capítulo 5 de nuestra obra *¿Para qué sirve la teología? Una respuesta crítica con horizonte abierto*, Prólogo de José Míguez Bonino, Facultad Internacional de Educación Teológica, Buenos Aires, 1999. Segunda edición revisada y ampliada, Libros Desafío, Grand Rapids, 2011.

[48] Rubem Alves, *A Theology of Human Hope*, Corpus Books, Washington/Cleveland, 1969 (con prólogo de Harvey Cox). Aquí citamos de la traducción castellana de esa obra: *Religión: ¿opio o instrumento de liberación?*, Tierra Nueva, Montevideo, 1970 (con prólogo de José Míguez Bonino). Cabe consignar que originalmente Alves pensaba colocar como título de su obra "Teología de la liberación", pero por consejo del editor la idea fue desechada. Luego, el peruano Gustavo Gutiérrez convertiría su *Teología de la liberación. Perspectivas*, en una obra clásica de la teología latinoamericana.

[49] *Ibíd.*, p. 8, énfasis original.

Pero su conciencia no es más dominada. El está decidido a liberarse históricamente.⁵⁰

La discusión central del autor se refiere al lenguaje de la liberación. Por eso, grandes espacios de su trabajo están dedicados a analizar los distintos lenguajes que se utilizaron, tanto en el ámbito tecnológico como en el filosófico y el teológico. Comienza con una crítica al "tecnologismo". El "humanismo político" que propone Alves es un lenguaje de esperanza que realiza una crítica radical al presente y considera a la sociedad como algo no terminado, lo cual significa que lo nuevo puede ser creado. En cambio, el sistema tecnológico significa el fin de la esperanza. Siguiendo a Marcuse, dice que la ironía de la tecnología consiste en que "su funcionamiento excelente contribuye a preservar la sociedad donde se le ha insertado, su virtuosidad cuantitativa crea una inmovilidad cualitativa y su carácter experimental y abierto solidifica el encerramiento de esta sociedad creada por ellos. Lleva a la historia a su fin".⁵¹ Integrarse a este tipo de sociedad significa abdicar la esperanza, abandonar la función crítica del sistema y aceptar la lógica triunfante de la sociedad tecnológica. El sistema tecnológico, además, significa la domesticación de la acción. Aclara, sin embargo, que la propuesta de un humanismo político no significa la destrucción de la tecnología, sino más bien la humanización de la misma.

Luego, Alves muestra cómo el lenguaje del humanismo político puede ser una crítica del lenguaje teológico. La humanización debe entenderse como la relación del hombre con la historia, como su objeto o sujeto. Si el hombre se sumerge en el mundo, pierde su capacidad crítica, la posibilidad de recrear el mundo. Entonces, triunfa la positividad de los hechos. Por esa razón, el mesianismo de la tecnología debe ser rechazado. Alves relaciona al hombre con la historia y con su papel en ella: "Y solamente como un ser que trasciende a la historia puede crear una nueva historia, la historia de su libertad. La trascendencia

---

50 *Ibíd.*, p. 15.
51 *Ibíd.*, p. 36. En este punto resulta interesante percibir cierto anticipo de la tesis de Fukuyama acerca del "fin de la historia", que hemos comentado al final del capítulo 1.

es, pues, el futuro dirigido".[52] En su crítica al lenguaje de las iglesias, Alves dice que el lenguaje de la teología y de la Iglesia, que se expresa en sermones, himnos y liturgias, "suena, para el hombre secular imbuido en la tarea de crear un mundo nuevo, como la voz de una esfera remota y ajena".[53]

En la siguiente sección, Alves comienza una tarea de deconstrucción de los distintos lenguajes que se ubican en oposición al lenguaje de la liberación o que, al menos, no coadyuvan a ese objetivo. Comienza criticando el "lenguaje existencialista" que apunta a "la verdad como subjetividad". Admite que el existencialismo es una expresión del profundo interés por la libertad del hombre, para su trascendencia. Es la búsqueda de la preservación de un carácter auténticamente humano que tienda a reconocer la singularidad del hombre como individuo que existe. Dice: "Esta es la razón principal por la cual Kierkegaard rechaza el sistema hegeliano. La filosofía hegeliana transformaba al individuo en un simple accidente dentro del proceso histórico total".[54] Luego de citar a Heidegger y su concepto de *Dasein* ("ser-ahí"), critica al existencialismo en general, y a Kierkegaard en particular, por no poder concebir la trascendencia como algo que hace impacto en el tiempo, que cambia las estructuras del tiempo y que crea un nuevo tiempo, como lo hace el humanismo político. Alves también critica a Bultmann y su interpretación del evangelio, ya que, aunque admite que su teología parte de un profundo interés misionero, la misma encara su tarea de desmitización del mensaje del evangelio en categorías existenciales. "Esto significa básicamente que el mensaje del Evangelio, como mensaje de liberación del hombre, debe tener relación solamente con la esfera existencial y subjetiva".[55] Desde su propuesta del "humanismo político", Alves elabora tres críticas finales al existencialismo: 1) El humanismo político niega lo inhumano de las estructuras actuales y su poder deshumanizador. El existencialismo, por el contrario, simplemente niega el mundo. Para el existencialismo, el mundo del mañana no es posible; 2)

---
52 *Ibíd.*, p. 42.
53 *Ibíd.*, p. 44.
54 *Ibíd.*, p. 52.
55 *Ibíd.*, p. 55.

El humanismo político tiene esperanza para el nuevo futuro porque el hombre está abierto al futuro. Su esperanza, por lo tanto, es histórica. Por el contrario, el existencialismo "reduce la esperanza a una dimensión de subjetividad, sin concederle importancia a la transformación del mundo";[56] y 3) El humanismo político comprende al hombre como *homo creator*, es decir, hombre creador, que tiene el "poder" de insertar su trascendencia en el tiempo y en el espacio. "Su trascendencia se vuelve acto, historia".[57] Por su parte, el existencialismo, aunque es muy rico como paradigma para la humanización, no ofrece los recursos necesarios para un proyecto de naturaleza política.

Alves se ocupa luego de analizar críticamente la propuesta de Karl Barth, cuyo paradigma sintetiza como "del 'no' de la crisis al 'sí' de la elección". Con el "no" de la crisis, Alves se refiere a la crítica de Barth a la teología liberal y sus expectativas optimistas, que ya hemos comentado. Alves entiende que Barth descubrió que el lenguaje de la Biblia es mucho más realista que el lenguaje del liberalismo. Con todo, teológica y bíblicamente, no hay base para la "mesianización" de la historia. La posibilidad de liberación humana estaba del lado de Dios, era un don de la gracia de Dios. Este Dios, a pesar de ser el fundamento de las esperanzas humanas, estaba más allá de la historia. De su diálogo con la teología barthiana, Alves saca las siguientes conclusiones: 1) "La primera fase de Barth podría ser de gran ayuda en la comprensión de la negación. Sin embargo, su concepto de trascendencia hace de esto un imposible. Dios estaba en contra del mundo por entero. Su trascendencia no se insertaba en el mundo".[58] 2) "La negación constituía en su primera parte la contraparte de la esperanza. Mas la esperanza aquí se refiere a una realidad metahistórica debido al carácter contrario al mundo de la trascendencia".[59] 3) "En ambas fases la humanización es una función de la predicación, que es la labor humanizante 'par excellence'. El nombre no es el 'homo creator'".[60]

---
56 *Ibíd.*, p. 64.
57 *Ibíd.*
58 *Ibíd.*, p. 81.
59 *Ibíd.*
60 *Ibíd.*

Finalmente, Alves analiza la teología de Moltmann como un lenguaje de "teología de la esperanza: desde el pasado que es rechazado al futuro que es ofrecido". A partir de su lectura de *Teología de la esperanza*, Alves destaca lo dicho por el propio Moltmann, quien en esa obra afirmaba que "la esperanza Cristiana para el futuro procede de la observación de un evento específico y singular: el de la resurrección y aparición de Jesucristo".[61] Sin embargo, ¿cuál es el clímax de la teología de Moltmann? Alves dice que "no radica simplemente en el hecho de que la iglesia es llamada para trabajar por la justicia en el mundo. Lo que realmente dice es que *la historia es un tipo de experiencia humana que no es accesible al mundo a no ser por la Iglesia*".[62] Con esto, según Alves, el pensamiento de Moltmann se aproxima mucho a las propuestas de Bultmann y de Barth, ya consideradas. El conflicto que Alves observa entre el humanismo político y la teología de Moltmann tiene tres aspectos: 1) Mientras el humanismo político afirma que la conciencia humana desde su posición de encarnación e inserción en lo negativo es capaz de negar lo inhumano, para Moltmann no hay trascendencia en el presente; 2) el humanismo político comprende la esperanza como el esfuerzo de la conciencia humana por ver más allá de lo que es, mientras Moltmann no parte de la negación del presente sino de la promesa trascendental; 3) el humanismo político ve el futuro como un horizonte de posibilidades, abierto, para ser realizado por la creación de la libertad mediada por la acción en la historia. El hombre, en consecuencia, crea futuro. Para Moltmann, en cambio, el futuro ya está determinado.

A la luz de estas críticas, ¿qué propone Alves? La creación de un nuevo lenguaje que exprese la búsqueda de liberación humana. Esta tarea, dice, es comprendida por la comunidad de fe, la cual debe tomar en cuenta el criticismo del humanismo político, aunque a ese nuevo lenguaje debe agregar algo de lo que ya se encuentra en el humanismo político. O sea que no se trataría de una mera repetición. Refiriéndose luego a la dialéctica de la liberación, siguiendo una vertiente hegeliana, define al "Dios sufriente" como "la negación de la negación". Y es

---

61 *Ibíd.*, p. 85.
62 *Ibíd.*, p. 96, énfasis original.

allí donde se refiere al Reino como la presencia del futuro que fuerza a los hombres a salir hacia un nuevo mañana. Respecto al don de la libertad, que es la libertad del hombre para la vida, Alves dice que "la participación en esta aventura de creación de un futuro nuevo es pues de suma importancia porque se relaciona a la posibilidad de una vida auténtica".[63] Siguiendo el pensamiento de Teilhard de Chardin, según la interpretación de C. F. Mooney, dice Alves: "En un verdadero sentido el hombre está realmente ayudando a Dios cuando, por amor a su prójimo y la visión de una nueva vida, a través de su acción llega a participar en la tarea de la transformación del mundo actual en la nueva tierra del mañana".[64]

No es posible en este espacio limitado formular una apreciación crítica del pensamiento desarrollado por Alves en esta obra. Basta decir tres cosas que nos parecen relevantes:

En primer lugar, la obra significa una profunda reflexión interdisciplinaria sobre la escatología cristiana, ya que Alves dialoga con el pensamiento histórico, sociológico, filosófico y teológico. En este último caso, realiza una muy cuidadosa lectura interpretativa de las principales corrientes escatológicas europeas. En segundo lugar, su claro pronunciamiento a favor del humanismo político y algunas de sus expresiones concretas ponen de manifiesto la influencia del pensamiento liberal que podríamos ilustrar con Ritschl, para quien, al fin de cuentas, el Reino de Dios es una realidad que los hombres mismos hacen, inspirados por el amor. En tercer lugar, sin perjuicio de los valores que la escatología de Rubem Alves conservan todavía, su acendrado optimismo sólo se explica a partir del contexto histórico-político-social en que fue forjada. Tanto la década de 1960 como la de 1970 fueron pródigas en la elaboración de estas teologías que reflejaban un contexto revolucionario y de transformación de las estructuras. La realidad de fin de siglo y comienzos de nuevo milenio demuestra que esas expectativas de transformación social y política en las que Alves se esperanzaba estuvieron lejos de materializarse en la historia o, por lo menos, sufrieron un duro revés y necesitan un replanteo.

---

63 *Ibíd.*, p. 215.
64 *Ibíd.*, p. 220.

José Míguez Bonino (1924-2012), teólogo metodista argentino, ha planteado el problema de "discernir el Reino en la obediencia". En efecto, uno de los temas que más ha apasionado a este autor ha sido el de la relación entre el Reino de Dios y la historia. Dicho en otros términos, ¿cómo podemos detectar la presencia del Reino de Dios en la historia de los hombres, más allá de las cuestiones eclesiales? Antes de intentar una síntesis de lo que el propio Míguez Bonino dice sobre el tema, debemos aclarar que, a diferencia de los otros autores ya estudiados, no tenemos en él un texto específico que podríamos denominar su "escatología sistemática". Pese a ello, podemos hacer un rastreo a partir de cuatro de sus textos que consideramos fundamentales: *Espacio para ser hombres*,[65] "El Reino de Dios y la historia",[66] *La fe en busca de eficacia*[67] y *Toward a Christian Political Ethics*[68] ("Hacia una ética política cristiana"). La primera de esas obras recoge unas conferencias que el autor dio en una iglesia protestante en el Gran Buenos Aires. Ese hecho se pone de manifiesto en el tono coloquial del escrito que, a diferencia de los otros textos que analizamos, carece de aparato crítico y bibliografía. Con todo, se trata de reflexiones medulosas que giran en torno al tema antropológico. Mientras el primer capítulo, titulado "Sólo un ateo puede ser un buen cristiano",[69] plantea la necesidad de negar los otros "dioses" para afirmar al verdadero, el segundo capítulo analiza el tema del hombre, su apogeo y su fin, el pecado y la libertad. Sin embargo, es en el capítulo 3, titulado "¿Hay vida antes de la muerte?", donde encontramos elementos seminales de su escatología. Míguez aclara, no sin un dejo de ironía, que "no se trata de un error de

---

65 José Míguez Bonino, *Espacio para ser hombres*, Tierra Nueva, Buenos Aires, 1975. Posteriormente, La Aurora publicó una segunda edición ampliada de esta obra. Aquí cito de la primera edición.

66 Ponencia presentada en la segunda consulta de la Fraternidad Teológica Latinoamericana, celebrada en Lima, en diciembre de 1972, y publicada en C. René Padilla, ed., *El Reino de Dios y América Latina*, C.B.P., El Paso, 1975.

67 Publicado originalmente en inglés con el título *Doing Theology in a Revolutionary Situation*, y después en castellano como *La fe en busca de eficacia* (Sígueme, Salamanca, 1977).

68 *Toward a Christian Political Ethics,* Fortress Press, Filadelfia, 1983.

69 Título que, como nos compartiera el autor en un charla informal, le causó algunas críticas acerbas por parte de algunos pastores que no entendieron su propuesta.

redacción o de imprenta".⁷⁰ El título fue tomado de un escrito en una pared de Belfast (un "graffiti") donde exactamente se preguntaba: "¿hay vida antes de la muerte?" Según el autor, a diferencia de épocas pasadas, el hombre de hoy cree que lo importante es esta vida, la presente, el más acá de la muerte. En ese mismo capítulo, Míguez Bonino se refiere al Reino con estas palabras:

> No podemos detenernos aquí a trazar en detalle el concepto del Reino de Dios, acerca del cual hay abundante material accesible. Bástenos señalar que se trata de la afirmación de una humanidad transformada en una tierra renovada. Es la visión de un mundo en que el propósito creador de Dios finalmente se ha cumplido; donde el hambre, la pobreza, la injusticia, la opresión, el engaño, y finalmente la enfermedad y la muerte misma han sido definitivamente desterradas.[71]

Nada en este texto ni en su contexto nos permite pensar que el autor está refiriéndose a un "milenio" de paz y justicia en la tierra, sino más bien a una consumación del propósito de Dios en Cristo. Esta interpretación se corrobora cuando leemos en el párrafo siguiente:

> En la epístola a los Efesios se lo indica diciendo que Dios se ha propuesto "recuperar todas las cosas y hacerlas una en Jesucristo", es decir, unificar en clave de amor ("el misterio revelado") la totalidad del universo. Esta visión universal de la recreación del mundo y del hombre es el contenido inescapable de toda la Biblia, del mensaje de Jesús, de la esperanza cristiana.[72]

El autor se opone a trazar cronogramas del Reino de Dios, ya que la Biblia responde con imágenes y símbolos a las preguntas acerca de cómo y cuándo será eso, y de cómo se relacionan los logros humanos con la acción divina. Se opone también a toda privatización de la esperanza, porque lo que está en juego no es una vida individual sino la humanidad toda, las naciones. Cierra la reflexión respondiendo a su pregunta inicial, en estos

---

70 *Espacio para ser hombres*, p. 53.
71 *Ibíd.*, p. 61.
72 *Ibíd.*, p. 62.

términos: "Hay *una* vida humana y hay *una* historia humana antes de la muerte, en este mundo, porque Dios es amor. Y por eso hay también *una vida humana* y *una historia humana* más allá de la muerte y más allá de este mundo. Esta es la naturaleza y el fundamento de la esperanza cristiana".[73] Un poco más adelante, y con referencia al cielo y el infierno, el autor dice que el amor y el odio no son simétricos porque uno abre la vida y el otro la cierra. Y agrega: "El que hace del egoísmo y el odio el sentido dominante de su vida, ya ha negado la vida y 'está en la muerte'. El futuro confirma y certifica esa negación. Eso es lo que significa la perdición y el juicio. Hereda la muerte que eligió. Este es el contenido de la figura del infierno".[74]

El último elemento escatológico que podemos descubrir en estas reflexiones es el referente a la resurrección de Jesús. Según Míguez Bonino, "la importancia de la resurrección no estriba para el Nuevo Testamento en su carácter asombroso o milagroso. Si Dios es Dios, tal cosa no es en absoluto increíble. La importancia radica, mas [Sic] bien, en que con ese acto Dios confirmó lo que Jesús había sido, dicho y hecho".[75] Y relaciona ese hecho con la escatología al señalar que, con la resurrección de Jesús, el Dios de amor "quiere elevar a la humanidad y colocarla en el camino de un mundo nuevo".[76]

La ponencia "El Reino de Dios y la historia", presentada por Míguez Bonino en la segunda consulta de la Fraternidad Teológica Latinoamericana [77] es, desde nuestro punto de vista, su presentación más lúcida y atrevida sobre la escatología y su incidencia en el presente humano. El propio autor es consciente de ello al enunciar el tema relativo al "cómo podemos entender la presencia activa del reino en nuestra historia de tal modo que podamos adecuar a ella nuestro testimonio y acción, particularmente en esta hora concreta de América Latina en

---

[73] *Ibíd.*, p. 64.
[74] *Ibíd.*, p. 68.
[75] *Ibíd.*, p. 76.
[76] *Ibíd.*
[77] Incluida en la obra de C. René Padilla, editor, El Reino de Dios y América Latina, Casa Bautista de Publicaciones, El Paso, 1975, pp. 75-95.

que nos ha sido dado profesar nuestra fe y servir al Señor".[78] Y luego precisa que su "tesis sistemático-ética" es presentada "utilizando fórmulas y avanzando proposiciones un tanto desprotegidas y cuestionables..."[79] La importancia de este documento radica en que el mismo se constituyó en una especie de matriz teológica, ya que el mismo autor haría mención de esta ponencia en su libro *La fe en busca de eficacia*, cuyo capítulo 7 marca una continuidad y profundización de las tesis expuestas aquí.[80] En la primera parte, se refiere a la historia de la salvación y a la historia secular. Reconoce que "todo intento de separar en el Antiguo Testamento lo religioso de lo político resulta artificial".[81] Pero, ¿qué sucede cuando llegamos al Nuevo Testamento? Propone el autor: "En el Nuevo Testamento la historia de la salvación adquiere una cierta consistencia propia, una cierta 'distancia' con relación a la totalidad de la historia humana".[82] No le satisface ni la solución "dualista" ni la "monista", que plantean "dos historias" o "una sola historia", respectivamente. La primera, porque la considera heredera de las "religiones de misterio". La segunda, porque, "para darle significado a la historia *una*, es necesario encontrar una transcripción del evangelio que pueda verse operando significativamente a nivel de la historia 'general'".[83] En lo que representa el núcleo de su propuesta, Míguez Bonino se refiere al "discernimiento del Reino en la obediencia". Las preguntas incisivas son las siguientes:

> ¿Tienen los acontecimientos históricos —a saber, la acción histórica humana, con sus diversas dimensiones: política, cultural, económica— alguna significación en términos del reino que Dios prepara y ha de establecer gloriosamente en la *parusía* del Señor? ¿O es éste la negación total y absoluta de aquellos? Si hay tal relación, ¿cómo hemos de entenderla, y cómo incide en nuestra

---

78 "El Reino de Dios y la historia", p. 75, énfasis original.

79 *Ibíd.*

80 En efecto, en esa obra, en la nota 4, dice: "Desarrollé más extensamente estas ideas en un ensayo titulado 'El Reino de Dios y la historia'".

81 Artículo citado, p. 77.

82 *Ibíd.*, p. 78.

83 *Ibíd.*, p. 82.

acción?[84]

Y es allí donde establece la cuestión central, que para él no es averiguar dónde está presente y visible el Reino de Dios en la historia sino más bien cómo participar en el mundo que viene, en el Reino prometido. "La cuestión no es primordialmente noética sino, por así decirlo, empírica. Tiene que ver con nuestra respuesta activa".[85] Y eso de "obediencia activa" le conduce a decir que debe hacer una opción concreta, histórica. Y agrega: "Con otros cristianos, hemos optado por una alternativa histórica —en términos de la problemática aquí mencionada— que en general llamamos 'socialista'".[86] Y fundamenta: "El socialismo como estructura social es para mí hoy en América Latina el medio de correlación activa con la presencia del reino en lo que hace a la estructura de la sociedad humana".[87]

En el capítulo 7 de *La fe en busca de eficacia*, el autor se refiere al "Reino de Dios, utopía y compromiso histórico". Critica el cambio de eje que se dio entre una expectativa de transformación del mundo, con la venida del Reino de Dios, y "una esperanza espiritualizada e individualista de una vida celestial e inmortal".[88] La cuestión que plantea aquí consiste en "cómo devolver a la fe escatológica cristiana el dinamismo histórico que parece haber perdido".[89] Tomando como analogía ilustrativa las ideas de "cuerpo" y "resurrección" en la escatología de Pablo, el autor dice que estos conceptos escatológicos le permiten al apóstol establecer la continuidad al mismo tiempo que la transformación. "Tal transformación no es una desfiguración o desnaturalización de nuestra

---

84 *Ibíd.*, p. 83.
85 *Ibíd.*, p. 84.
86 *Ibíd.*, p. 89.
87 *Ibíd.* Una evaluación de las tesis de Míguez Bonino en relación con su planteamiento de la presencia del Reino en la historia se encuentra en el breve ensayo de C. René Padilla, "El Reino de Dios y la historia en la teología latinoamericana" (*Cuadernos de Teología*, Vol. VII, No. 1, 1985), donde el autor evalúa críticamente las propuestas de Assmann (el Reino mediado por la praxis de liberación) y Míguez Bonino (el Reino de Dios mediado por el proyecto histórico socialista), y propone la Iglesia como mediadora del Reino en cuanto comunidad del Espíritu.
88 *La fe en busca de eficacia*, p. 162.
89 *Ibíd.*, p. 168.

vida corporal sino su cumplimiento, su plenificación, la eliminación de la corruptibilidad y la debilidad".[90] Del mismo modo, el autor dice que debemos afirmar que hay tanto continuidad como discontinuidad entre la historia y el Reino de Dios. En la búsqueda de una teología actual que represente adecuadamente estas ideas, el autor cita a Moltmann y su *Teología de la Esperanza*, a la que reivindica como "obra notable y decisiva para la historia del pensamiento teológico de nuestra época".[91] Sin embargo, se trata de una reivindicación crítica, ya que Míguez Bonino le señala a Moltmann el no haber advertido la necesidad de un análisis socio-político. Concluye afirmando que "una fe escatológica le permite al cristiano invertir su vida históricamente en la construcción de un orden provisorio e imperfecto, en la seguridad de que ni él —personal y comunitariamente— ni su esfuerzo son absurdos ni fugaces".[92]

Dos anotaciones finales merecen ser destacadas de su obra *Toward a Christian Political Ethics*. Un aspecto es el de la "utopía", analizada por Míguez Bonino en el capítulo 7, "Esperanza y poder". Tomando en consideración a Marx, Althuser y, sobre todo, Bloch, relaciona el tema con la teología latinoamericana y reconoce, junto a Gutiérrez y otros teólogos de la liberación, que prefiere establecer una relación indirecta entre utopía y fe cristiana. Las razones son las siguientes: "En primer lugar, utopía es una categoría ambigua para usar al hablar de la promesa de Dios".[93] En segundo lugar, "bautizar como cristianas las utopías concretas que emergen de la búsqueda humana no es sólo ignorar la cualidad de novedad de la consumación de Dios sino también sacralizar —y más seriamente aún, clericalizar— proyectos humanos".[94] La segunda anotación es el cierre magistral de esta obra. Míguez Bonino concluye afirmando que "la resurrección no cancela la cruz, ni asegura una victoria visible, sino que más bien confirma la praxis de Jesús

---

90 *Ibíd.*, pp. 169-170.
91 *Ibíd.*, p. 173.
92 *Ibíd*, p. 182.
93 *Toward a Christian Political Ethics.*, p. 92 (versión en castellano: *Militancia política y ética cristiana*, trad. Carlos A. Sintado, Ediciones La Aurora, Buenos Aires, 2013).
94 *Ibíd.*

de amor y justicia, y así nos invita a participar en esa praxis, en la seguridad de que tal praxis no está perdida, sino que siempre está recuperada e incorporada al futuro del reino".[95]

A manera de síntesis, la escatología de Míguez Bonino se estructura en base a los ejes centrales del Reino, la historia y el compromiso al cual los cristianos estamos desafiados por Dios. Su aporte mayor parece estar, precisamente, en el debate acerca de la presencia del Reino en la historia humana. Su postura respecto a que esa cuestión no es algo "noético", es decir, intelectual, sino relativo a la inserción práctica, parece paradojal, puesta en relación con la opción específica que el autor hace para "nombrar" el Reino, es decir, la opción socialista. Esa opción, como cualquier otra, requiere también de una instrumentalización del pensamiento. Precisamente en este punto de la opción concreta es donde la visión de Míguez Bonino encara ahora nuevos desafíos, porque cabe preguntar si esa opción, tal vez viable en su momento, debe ser modificada, y en qué sentido, hasta qué punto y en qué dirección. En efecto, como el propio autor indica ya en el prefacio de *La fe en busca de eficacia*, "el rápido giro de los eventos históricos [...] fácilmente descolocan la reflexión".[96] No obstante, a pesar de que esta perspectiva escatológica necesite cierta revisión y *aggiornamento*, mantiene su validez, tanto por el rigor de su estructuración como por el esfuerzo manifiesto de su autor por resaltar el carácter distintivo de la fe en Cristo resucitado, acontecimiento escatológico y proléptico. La victoria de éste no anula la cruz sino que la incorpora como símbolo de nuestro compromiso con el prójimo, en la seguridad de la victoria final del Reino de Dios, el cual ya actúa en medio de las ambigüedades de la historia y de nuestras opciones concretas.

---

95 *Ibíd.*, p. 115.

96 *La fe en busca de eficacia*, p. 7. Nuestra interpretación de la teología de José Míguez Bonino ha sido ampliada sensiblemente en los siguientes textos: Alberto F. Roldán, *Reino, política y misión*, Ediciones Puma, Lima, 2011 y Alberto F. Roldán-David A. Roldán, *José Míguez Bonino: una teología encarnada*, Sagepe editores, 2013. Para un análisis profundo de la teología de Míguez Bonino en comparación con la de Juan Luis Segundo, véase David A. Roldán, *Teología crítica de la liberación: un replanteo desde el problema de la interioridad y la exterioridad, con especial atención a Juan Luis Segundo y José Míguez Bonino*, tesis de doctorado en teología, Sats/Fiet, Buenos Aires, 2011

Teólogos de la FTL

C. René Padilla (1932-). Teólogo ecuatoriano radicado hace muchos años en la Argentina, realizó sus estudios doctorales en la Universidad de Manchester, Inglaterra, en el campo del Nuevo Testamento. Si bien no tiene un texto específico dedicado a la escatología, toda su obra está atravesada por el concepto del Reino de Dios que es, fundamentalmente, de carácter escatológico. Uno de sus primeros textos sobre el tema es su ponencia "El Reino de Dios y la Iglesia" que está incluido en el libro *El Reino de Dios y América Latina*.[97] En su exposición, Padilla rastrea los orígenes de la escatología en el Antiguo Testamento, distinguiendo entre la visión de los profetas y la de los apocalípticos. Para los primeros, el propósito de Dios se realizaría en la historia mientras que para los segundos hay un marcado pesimismo de que eso acontezca. El teólogo ecuatoriano revela la influencia del binomio creado por Oscar Cullmann del "ya pero todavía no" del Reino de Dios y también de la "escatología realizada" que plantea Joachim Jeremías, ya que afirma que "La escatología de Jesucristo es una *escatología en proceso de realización*".[98] Padilla rechaza todo intento por espiritualizar el Reino al afirmar: "El Reino de Dios no es un principio abstracto que uno puede aceptar o rechazar, sino un poder dinámico activo en la creación de una nueva humanidad".[99] Su exposición termina alineándose con la teología de la esperanza. En términos enérgicos, Padilla dice:

> Pocas necesidades de la comunidad evangélica en América Latina exigen mayor atención de la teología hoy en día que la necesidad de un redescubrimiento de la esperanza cristiana. Una esperanza que responda a las ideologías de izquierda y de derecha con toda su programación de una sociedad en la cual la vida sea más humana. Una esperanza que radicalice las exigencias éticas del evangelio y sacuda de su acomodamiento burgués a una segunda y tercera generación de

---

[97] C. René Padilla, *El Reino de Dios y América Latina*, Casa Bautista de Publicaciones, El Paso, 1975

[98] *Ibíd.*, p. 49. Cursivas originales

[99] *Ibíd.*, p. 87

evangélicos que han olvidado el sentido cristiano de la pobreza, víctimas del condicionamiento de una sociedad de consumo en cuyo altar se sacrifican las libertades básicas del hombre. Una esperanza, en fin, que ubique a la misión de la iglesia dentro del marco del propósito de Dios de formar una nueva humanidad.[100]

Los posteriores trabajos de Padilla tales como *Misión integral*[101] y *Economía humana y economía del Reino de Dios*,[102] entre otros, profundizan la perspectiva del autor sobre la importancia del Reino de Dios para una misión integral que incluya no solo la salvación individual sino también los aspectos sociales y políticos de la misma.

Samuel Escobar (1934-). Teólogo peruano, doctor en pedagogía y con amplia trayectoria como expositor y docente en América Latina, Estados Unidos y España. Su ponencia "El Reino de Dios, la escatología y la ética social y política en América Latina" destaca la importancia de esas dos dimensiones que deben concretarse en la obediencia. Como postulado inicial, afirma:

> La prueba de fuego de la validez de toda reflexión teológica viene cuando ésta ha de concretarse en planteamientos al nivel de la ética. Una vez que se ha escuchado con claridad la palabra de Dios para hoy, la tarea teológica es empezar a articular el camino de la obediencia.[103]

Siguiendo a Fals Forda, Escobar señala que en la religiosidad

---

100 *Ibíd.*, p. 61

101 C. René Padilla, *Misión integral. Ensayos sobre el Reino y la iglesia,* Nueva Creación, Grand Rapids, 1986 (2da y 3ra ediciones publicadas por Kairós, Buenos Aires). En el capítulo titulado "Cristo y Anticristo en la proclamación del evangelio", donde el autor ofrece una nueva mirada al "misterio de la iniquidad" que, dejando de lado las especulaciones de autores como Hal Lindsay y Tim La Haye, entiende como el gigantesco esfuerzo por parte de las naciones en convertirse en sociedades "avanzadas" mediante la fiebre del consumo y la racionalidad científico-técnica.

102 C. René Padilla, *Economía humana y economía del Reino de Dios,* Ediciones Kairós, Buenos Aires, 2002.

103 Samuel Escobar, "El Reino de Dios, la escatología y la ética social y política en América Latina" en C. René Padilla, *El Reino de Dios y América Latina*, p. 127.

popular católica la visión de la otra vida es más apocalíptica que escatológica. Analiza luego el desafío que comportó la presencia evangélica en América Latina afirmando el talante anabautista del protestantismo evangélico en el continente. Es en la parte final de su exposición donde Escobar critica la fuerte influencia de la escatología premilenial y, especialmente, dispensacionalista. Dice:

> Una teología *dispensacionalista y premilenial* supone la visión de un mundo caído, cuya pecaminosidad se refleja en sus estructuras y formas de vida. El reino de Dios irrumpirá en el futuro. Por ello ningún reino de este mundo puede ser considerado como el reino de Dios. La consecuencia de esta creencia debería ser una actitud crítica frente a los reinos de este mundo y su oposición al reino de Dios. Pero el protestantismo conservador ha reducido su concepto de mundanalidad a cuatro o cinco tabúes sociales: alcohol, tabaco, ciertas formas de vestir, cinema, baile. No se critica, peor aún, se aceptan y defienden las políticas sociales del capitalismo, el espíritu de lucro como factor determinante de la vida, la manipulación de las conciencias por los medios de comunicación masiva, la corrupción política del gobierno de turno, etcétera.[104]

El teólogo peruano también critica la tendencia a postergar la ayuda al prójimo a partir de que para el protestantismo conservador es más importante la predicación del evangelio que la acción social. Por todo ello, Escobar insta a tomar conciencia de la realidad social de América Latina y a actuar en ella desde los valores de justicia y paz del Reino de Dios. Se trata de una dimensión ética de la esperanza y de apostar por opciones políticas, aunque ellas no sean un camino seguro. Finaliza dando una respuesta a quienes podrían criticar su posición, diciendo:

> Cuando el conformismo pasivo, disfrazado de realismo o espiritualizado, nos diga que de nada vale intentar cambiar el mundo, podemos responder que por el solo hecho de ser fieles a Cristo *ya* lo estamos cambiando, que vivimos nuestra acción social y política, como toda

---

104 *Ibíd.*, p. 138. Cursivas originales.

nuestra vida, a la luz de la esperanza del reino: *Y esta esperanza no nos desilusiona, porque Dios ha llenado nuestro corazón con su amor, por medio del Espíritu Santo que nos ha dado.*[105]

En síntesis, el aporte de Escobar al tema de la escatología se centra en el Reino de Dios y sus dimensiones éticas en los espacios sociales y políticos, una propuesta audaz y provocativa para el espectro conservador del evangelicalismo que encontró dificultades para incorporar esas dimensiones a la misión de la Iglesia.

3. Escatología en himnos y cánticos evangélicos

El tema de la presencia de lo escatológico en las expresiones litúrgicas merece un análisis pormenorizado que no es posible encarar aquí. Sólo nos limitaremos a presentar algunos ejemplos de himnos que llamaríamos "clásicos" dentro de la himnología evangélica, descubrir sus énfasis y perspectivas escatológicas para contrastarlas luego con expresiones similares de los cánticos o coros presentes en el culto evangélico latinoamericano actual.

Comenzaremos con el famoso himno "Cuando allá se pase lista", que plantea la llegada del "día final" en la presencia de Dios. Dice en una de sus versiones:[106]

Cuando la trompeta suene
en aquel día final,
y que el alba eterna rompa en claridad;
cuando las naciones salvas
a su patria lleguen ya,
y que sea pasada lista, allí he de estar.

Coro:
Cuando allá se pase lista (3 veces)
a mi nombre yo feliz responderé.

---

105 *Ibíd.*, p. 153. Cursivas originales.

106 Aquí transcribimos de H. C. Ball, recopilador, *Himnos de Gloria combinado con cantos de triunfo*, La Antorcha, Buenos Aires, 1958.

*En aquel día sin nieblas
en que muerte ya no habrá,
y su gloria el Salvador impartirá;
cuando los llamados entren
a su celestial hogar,
y que sea pasada lista,
allí he de estar.*

*Trabajemos por el Maestro
desde el alba al vislumbrar,
siempre hablemos de su amor
y fiel bondad.
Cuando todo aquí fenezca
y nuestra obra cese ya,
y que sea pasada lista,
Allí he de estar.*

El énfasis de este himno recae en el juicio final, y su poesía parece estar inspirada en el pasaje de Apocalipsis 20.11-15. Habla del "día final", pero no hace ninguna referencia a una instancia intermedia como el milenio en la tierra, antes de la consumación. A pesar de que habla de las "naciones salvas", lo cual podría indicar alguna referencia a una salvación corporativa de la sociedad, todo el énfasis es individual, ya que el coro repite: "A mi nombre yo feliz responderé". El hogar es "celestial", con lo que parece descuidar la perspectiva bíblica de una tierra nueva. Esta no aparece en el horizonte. En cuanto a la influencia de esta perspectiva escatológica en el presente de los cristianos, aunque se la admite, se reduce a "trabajar por el Maestro", no en términos de transformar el mundo concreto, social, sino, pura y simplemente, de hablar "del amor y fiel bondad" de Jesús.

Otro ejemplo se puede ver en "Viene otra vez nuestro Salvador",[107] himno cuyo *leit motiv* gira en torno a la inminencia:

*Viene otra vez nuestro Salvador,
¡oh!, que si fuera hoy.
Para reinar con poder y amor,
¡oh!, que si fuera hoy.
Ya por su esposa viene esta vez,*

---

107 *Ibíd.*

purificada en su grande amor.
Del mundo por la redondez,
¡oh!, que si fuera hoy.

Coro:
Gloria, gloria, gozo sin fin traerá.
Gloria, gloria, al coronarle Rey.
Gloria, gloria, la senda preparad.
Gloria, gloria, Cristo viene otra vez.

Terminará el poder de Satán,
ojalá fuera hoy.
No más tristezas aquí verán,
ojalá fuera hoy.
Todos los muertos en Cristo irán
arrebatados por su Señor,
cuando estas glorias aquí vendrán,
ojalá fuera hoy.

Fieles y leales nos debe hallar,
si él viniera hoy.
Todos velando con gozo y paz,
si él viniera hoy.
Multiplicadas señales hay,
en el oriente se ve el albor.
Ya más cercano el tiempo está,
ojalá fuera hoy.

El énfasis de la poesía es el deseo intenso de que la venida de Cristo se produzca hoy mismo. Quien viene es el Salvador y su objetivo es "reinar con poder y amor". No está claro, pero tal vez se insinúa el reino milenario de Cristo. Como se afirma que Cristo vuelve "por su esposa", metáfora bíblica que alude a la Iglesia, y se menciona el arrebatamiento, estamos en condiciones de arriesgar que el autor enfatiza la idea de la escatología premilenial-dispensacional: Cristo vuelve por la Iglesia, y ésta será arrebatada. Esto se encuentra corroborado por la mención de las "multiplicadas señales" que indican la inminencia de este acto escatológico. A diferencia del himno anteriormente analizado, no hay incidencia del futuro sobre el presente, más allá del intenso anhelo de que la venida de Cristo se produzca hoy mismo.

Los mismos énfasis se pueden observar en himnos menos conocidos como "Día de victoria"[108] y "Voy al cielo".[109]

> *Día de victoria y gran resplandor,*
> *cuando Cristo volverá.*
> *Qué glorioso encuentro con mi Señor,*
> *en las nubes se verá.*
>
> *Coro:*
> *En las nubes él vendrá,*
> *en aquel día final,*
> *cuando Cristo muy pronto volverá,*
> *un gran día sin igual.*
>
> *Día de gran gozo, día sin igual,*
> *cuando Cristo volverá.*
> *De esta tierra iremos a la celestial,*
> *Cristo allí nos honrará.*
>
> *Oye la trompeta que anunciando está*
> *la venida del Señor.*
> *Ya no más dolores ni afán allá,*
> *con Jesús triunfó el amor.*

Otra vez se enfatiza el cielo como destino final de los cristianos. En este caso, se establece aún más decididamente la oposición entre la tierra y el cielo, toda vez que en la segunda estrofa dice: "De esta tierra iremos a la celestial". La estrofa tercera es una admisión implícita de una teodicea[110] futurista: el mal será superado cuando "ya no [haya] más dolores ni afán allá".

En cuanto al himno "voy al cielo", plantea el mismo esquema que el anterior. Podemos destacar las dos primeras estrofas:

> *Voy al cielo, soy peregrino,*
> *a vivir eternamente con Jesús.*

---
108 *Ibíd.*
109 *Ibíd.*
110 La teodicea es la parte de la teología que intenta explicar el problema del mal, justificando a Dios o exculpándolo de los males que ocurren en la tierra. Viene del griego *teo*, "Dios", y *dike*, "justo", "justificar". El término fue creado por el filósofo Leibnitz. Para un análisis filosófico profundo y creativo sobre el tema, ver Leszek Kolakowski, "El Dios de los fracasos: teodicea", *Si Dios no existe...*, Altaya, Madrid, 1999, pp. 20-59.

El me abrió ya veraz camino,
al expirar por nosotros en la cruz.

Duelo, muerte, amarga pena,
nunca, nunca habremos de sufrir allá.
Gloriosa vida,
de gozo llena,
el alma mía sin fin disfrutará.

Destaca el carácter peregrino del cristiano hacia la patria celestial, con un énfasis en el "alma" (¿desencarnada?), la cual disfrutará eternamente en la presencia de Dios. La superación de los males y los sufrimientos se dará en ese más allá, sin que parezca tener algo que ver con la transformación que el mundo de hoy necesita.

Para citar un ejemplo más de este modelo de himnos, cabe mencionar la última estrofa del himno titulado "De la Iglesia el fundamento":[111]

A través de sufrimientos y fatigas y dolor,
el glorioso día espera en que vuelva su Señor,
consumada y plena entonces su carrera y su salud,
entrará, libre y triunfante, en la eterna beatitud.

Según nuestra perspectiva, esta poesía tiene como elemento novedoso una cierta influencia aristotélica-tomista, identificable en la expresión "eterna beatitud", que parece evocar la famosa "visión beatífica" de que hablara Santo Tomás de Aquino como meta del cristiano en la gloria.

En una referencia a la influencia del milenarismo en la himnología protestante en Brasil, Antônio Gouvêa Mendonça cita, en su libro *O celeste porvir*, entre otros, los siguientes ejemplos:

De Elizabeth Milles, "Lugar de delicias":

Conservemos en nuestra memoria
las riquezas del lindo país,

---
111 Tomado del himnario *Cántico Nuevo*, No. 168.

*y guardemos con nosotros la esperanza
de una vida mejor, más feliz.*[112]

De Sanfor Fillmore Bennett, "El dulce porvenir":

*Cantaremos en el bello país,
melodías de santo ardor;
en esa tierra celeste y feliz
no hay llanto, gemido ni dolor.*[113]

Después de citar otros ejemplos, Mendonça concluye diciendo: "La himnología milenarista es extensa y ha sido fuente de las más extensas emociones del culto protestante. En ella se encuentran aquellas características básicas de toda mentalidad milenarista: igualitarismo, santidad y perfección".[114]

Del ámbito centroamericano podemos destacar la letra de un himno muy difundido en Centroamérica y Sudamérica, escrito por Felicia y Mariano Beltrán, titulado "Cuán gloriosa será la mañana":[115]

*Cuán gloriosa será la mañana,
cuando venga Jesús el Salvador.
Las naciones, unidas como hermanas,
bienvenida daremos al Señor.*

---

112 Antônio Gouvêa Mendonça, *O Celeste Porvir. A inserção do Protestantismo no Brasil*, Pendão Real, Aste e Instituto Ecumênico de Pós-graduação em Teologia e Ciências da Religião, San Pablo, 1995, p. 238. Traducimos de la versión en portugués que consigna el autor.

113 Traducimos de la versión en portugués hecha por John Boyle.

114 *Ibíd.*, p. 239. El autor ofrece un dato histórico importante: los presbiterianos brasileños, educados inicialmente en el posmilenarismo, giraron después hacia el premilenarismo, como fue el caso del líder Alfredo Borges Teixeira, a fines del siglo 19, quien testimonia: "Educados en el posmilenarismo siempre sentíamos la fuerza de este argumento al mismo tiempo que notábamos el ardor religioso y el gozo espiritual que caracterizan a los hermanos premilenaristas. [...] Al final, una mayor atención dada al asunto y la lectura de libros nos llevaron a la conclusión de que, en los dominios oscuros de la Escatología, el premilenarismo es la teoría más luminosa" (citado en *Ibíd.*, p. 236).

115 Figura bajo el No. 549 del himnario *Celebremos su gloria*. La música de este himno es de autor desconocido, pero con arreglos de Roberto Savage, con copyright de 1953, actualizado en 1981. El himnario de referencia ha sido editado por profesores del Seminario Teológico Centroamericano de Guatemala y está dedicado, entre otros autores, al himnólogo guatemalteco Alfredo Colom Maldonado (1904-1971). Datos suministrados por el profesor Pablo Sosa, del ISEDET.

> *No habrá necesidad*
> *de la luz el resplandor,*
> *ni el sol dará su luz,*
> *ni tampoco su calor.*
> *Allí llanto no habrá,*
> *ni tristezas ni dolor,*
> *porque entonces Jesús el Rey del cielo,*
> *para siempre será consolador.*
>
> *Más allá del sol, más allá del sol.*
> *Yo tengo un hogar, yo tengo un hogar,*
> *más allá del sol.*

En el mismo marco conceptual de los himnos clásicos ya indicados, esta poesía centroamericana vuelve a los temas de cielo, el hogar celestial, la superación de las angustias, el llanto y el dolor, en una construcción poética saturada de símbolos apocalípticos. Inclusive, en una estrofa posterior, afirma que en ese lugar celeste "todo será color de rosa / en la santa fragancia del Señor". Aunque todo eso es verdad, sigue el planteo de cómo solucionar los problemas del más acá, donde no todo es "color de rosa", precisamente. O, dicho de otro modo, ¿cómo esa perspectiva futura nos puede ayudar a cambiar el presente estado de cosas?

Un coro muy breve, que se canta todavía en las iglesias pentecostales y, con la globalización eclesiástica, en muchas otras iglesias renovadas y neopentecostales, es el famoso "Me voy con Él". Dice:

> *Ya viene Cristo, señales hay;*
> *almas salvadas, viene a buscar.*
> *Los que durmieron, se quedarán;*
> *los que velaron, se irán con él.*
> *Me voy con él (3 veces),*
> *yo no me quedo,*
> *me voy con él.*

Con lenguaje simple, el autor destaca lo que ya vimos en los himnos escatológicos clásicos: la inminencia del "ya", con una llamativa ausencia del "todavía no" cullmaniano, y el hecho que las señales ya se han cumplido para saber que esto es cierto. Cristo viene para buscar "almas salvadas", una implícita adopción del dualismo griego y la inmortalidad del alma en detrimento de la resurrección del cuerpo. Con la expresión "los que durmieron se quedarán", el coro parece adoptar la extraña hipótesis de un "arrebatamiento parcial": Cristo vuelve, y sólo quienes estén velando serán arrebatados. El final enfatiza un perfil individualista: "me voy con él, yo no me quedo".

¿Qué pasa con los énfasis escatológicos en la producción de los nuevos cantautores evangélicos como, por ejemplo, Marcos Witt? Una rápida revisión de ese ámbito nos permite arriesgar la sospecha que lo escatológico está poco subrayado o, directamente, ausente. En efecto, son pocas las letras que refieren los temas enunciados en la himnología clásica y la producción latinoamericana de las décadas de 1950 y 1960. Una excepción puede ser la canción titulada "Y todo ojo le verá":[116]

> *Y todo ojo le verá,*
> *cuando vuelva en poder.*
> *Sobre las nubes volverá,*
> *con gran gloria y majestad.*
> *Bienaventurado el que oye*
> *las palabras de esta profecía.*
> *Bienaventurado el que busca,*
> *porque el tiempo cerca está.*
> *Bienaventurado el que quiera*
> *beber del agua de vida.*
> *Y el Espíritu y la Iglesia*
> *dicen: "Ven, Señor Jesús".*

La canción afirma la vuelta de Jesucristo sin tomar posición por el arrebatamiento pretribulacional; más bien, se centra en la *parusía* gloriosa de Cristo al mundo, cuando "todo ojo le verá". Sobre la construcción poética muy poco se puede decir, ya que la letra es una mera transcripción de textos del Apocalipsis, especialmente 1.3, 7, y 22.17, lo cual contrasta con la creación poética que se puede apreciar en algunos de los himnos clásicos sobre el tema y aún en la himnología latinoamericana. Cabe

---

[116] Tomado del CD titulado "En vivo, desde Jerusalén, MARCOS WITT". Autores: Juan Salinas, Coaio Zamorano y Gamaliel Morán, CanZion Producciones, 1998.

preguntarse, ¿será este poco énfasis en el futuro escatológico una nueva forma de "escatología realizada"? ¿Será que el "más acá", con sus soluciones urgentes y sus recetas fáciles, ha desplazado al "más allá" del escenario litúrgico latinoamericano? Una mirada general a la producción de Witt nos muestra que los énfasis están puestos en el señorío de Jesucristo, la adoración a Dios, la "guerra espiritual", la victoria del cristiano, la oración y la vida de santidad. La influencia del futuro escatológico para el presente de la historia y de la realidad social y política aparece sublimada o subsumida por esos énfasis.

Finalmente, es oportuno citar un tipo de escatología litúrgica diferente, tal vez con menos difusión que la antes expuesta, pero presente, especialmente en las llamadas iglesias históricas. Como ilustración, podemos citar "Tenemos esperanza", poesía del obispo metodista argentino Federico J. Pagura:[117]

> *Porque él entró en el mundo y en la historia,*
> *porque él quebró el silencio y la agonía;*
> *porque llenó la tierra de su gloria,*
> *porque fue luz en nuestra noche fría.*
>
> *Porque él nació en un pesebre oscuro,*
> *porque vivió sembrando amor y vida;*
> *porque partió los corazones duros*
> *y levantó las almas abatidas.*
>
> Estribillo:
> *Por eso es que hoy tenemos esperanza;*
> *por eso es que hoy luchamos con porfía;*
> *por eso es que hoy miramos con confianza*
> *el porvenir, en este tierra mía.*
> *Por eso que hoy tenemos esperanza;*
> *por eso es que luchamos con porfía;*
> *por eso es que hoy miramos con confianza*
> *el porvenir.*

---

[117] La música es del compositor uruguayo Homero R. Perera y tiene ritmo de tango. Aquí la letra está tomada de *Cancionero Abierto*, ISEDET, Buenos Aires, p. 66.

Porque atacó a ambiciosos mercaderes
y denunció maldad e hipocresía;
porque exaltó a los niños, las mujeres,
y rechazó a los que de orgullo ardían.

Porque él cargó la cruz de nuestras penas
y saboreó la hiel de nuestros males;
porque aceptó sufrir nuestra condena
y así morir por todos los mortales.

Porque una aurora vio su gran victoria
sobre la muerte, el miedo, las mentiras,
ya nada puede detener su historia,
ni de su Reino eterno la venida.

La mera lectura del poema nos produce la clara sensación de que estamos en presencia de una cristología y una escatología diferentes de las expuestas en los casos anteriores. El tema central es la esperanza y, más precisamente, los "porqué" de la esperanza. Se trata de una esperanza que se nutre y vigoriza a partir de Aquel que "entró en el mundo y en la historia". Resume la vida de Jesús de Nazaret, su vida de amor y justicia, su opción a favor de los pobres y de los de "alma abatida" y, como contrapartida, su crítica y denuncia a los "ambiciosos mercaderes" por su "maldad e hipocresía". ¿De dónde viene la esperanza? Viene tanto de la historia de Jesús como del futuro escatológico patente en la resurrección como evento escatológico proléptico ("una aurora vio su gran victoria sobre la muerte...") y en la contundente afirmación: "Ya nada puede detener su historia ni de su Reino eterno la venida". Quizás en el estribillo esté la clave hermenéutica para entender esta escatología: "Miramos con confianza el porvenir, en esta tierra mía". El futuro del triunfo de Jesucristo y del Reino de Dios se debe plasmar en "esta tierra", a la espera de la consumación final. Es, en suma, el planteo de una esperanza dinámica, que no se resigna ante el fracaso, sino que conduce a "luchar con porfía".

En el mismo tenor se expresa la canción "Trote de victoria", presentada en CLADE IV.[118] De los autores brasileños Laan Mendes de Barros y João Francisco extraemos la primera estrofa:

> *Si alguien pregunta por el día de esperanza,*
> *le dirás con fe y confianza:*
> *"Todo aquí mejorará".*
> *El pueblo alegre alisará la historia,*
> *y el Señor de la victoria la cosecha nos dará.*
> *¿Y el hambre existirá? ¡No!*
> *¿Violencia existirá? ¡No!*
> *Si nuestra fuerza se mantiene con porfía,*
> *el Señor de la armonía quitará nuestro dolor.*

Se trata del mismo mensaje del ejemplo anterior, con metáforas diferentes; plantea un día de esperanza para la historia, la cual se nutre del Señor, quien es tanto el "Señor de la victoria" como el "Señor de la armonía" (*shalom*, "paz"). Nos exhorta a mantenernos firmes, con fe, confianza y porfía.

Inmersos en el mundo de la imagen y del sonido, abstraídos por la fuerza de la música y del culto participativo y emotivo en las iglesias —aspectos que, en sí mismos, no son negativos— corremos el riesgo de no tomar en cuenta lo que se canta, el contenido teológico de las canciones. Debemos decir que no existen liturgias inocentes, himnologías o "coritologías" asépticas. Todas ellas siempre responden a posicionamientos teológicos y énfasis doctrinales, asumidos consciente o inconscientemente. La muestra ha puesto en evidencia que, salvo en muy honrosas excepciones, existe una marcada tendencia celestial y trascendente en la himnología clásica y las canciones de los evangélicos. Hay, en general, una asunción de la teoría del "rapto" de la Iglesia y una ausencia de la esperanza como factor dinámico para el presente del mundo. En síntesis, la escatología expresada en la liturgia latinoamericana es, en términos generales, dualista y espiritualista, o directamente ha sido sustituida por otros temas que se han instalado en las

---

118 La versión original brasileña aparece en el Cancionero *Celebração da vida*, del Encuentro Anglicano Mundial, de 1992, publicado en San Pablo por Traço a Traço. Aquí citamos del Cancionero de CLADE IV, Congreso Latinoamericano de Evangelización, Quito, setiembre de 2000.

iglesias. Cabe aclarar que este análisis somero de los himnos clásicos y de las canciones más actuales no es hecho en desmedro de la bendición y la fortaleza espiritual que puedan haber proporcionado en el pasado o continúen ofreciendo en el presente. Sólo se trata de un análisis teológico de sus contenidos. ¿Cuál sería, entonces, una escatología alternativa tanto de los modelos de escatología sistemática como de los que se expresan en el culto latinoamericano? En el próximo capítulo ofrecemos los paradigmas de lo que hemos dado en llamar "una escatología integral".

V

Paradigmas para una escatología integral

> Pocas necesidades de la comunidad evangélica en América Latina exigen mayor atención de la teología hoy día que la necesidad de un redescubrimiento de la esperanza cristiana.
> C. René Padilla

En este capítulo queremos plantear algunas condiciones que debe reunir lo que damos en llamar una "escatología integral". ¿Cuáles son las razones que nos motivan a la búsqueda de nuevos paradigmas? Debemos comenzar por una definición de "paradigma". Entendemos "paradigma" como modelo o esquema de comprensión de una realidad. En este caso, como sucede con muchas ciencias y filosofías desarrolladas al fin del milenio, nos encontramos en una situación de cambios y mudanzas muy grandes, que incluye el fracaso de modelos anteriores; esto exige un cambio de eje para comprender la escatología. Varios modelos de escatología se han mostrado ineficaces, trátese de escatologías espiritualistas, que subrayan la salvación final de las almas y dibujan un mundo etéreo, donde la eternidad significa tocar el arpa por los siglos de los siglos; trátese de escatologías escapistas, para las cuales lo decisivo es el futuro con Jesucristo, cuyo regreso se concibe como un rescate de la Iglesia antes que el mundo experimente los estertores del juicio de Dios; escatologías estas que insinúan que, de acuerdo con las "profecías bíblicas", debiéramos estar felices de que las cosas en el mundo empeoren, porque de ese modo se confirma que la venida del Señor está cerca; escatologías que conducen a una fuga del mundo y sus realidades, para las cuales la misión de la Iglesia sólo consiste en proclamar la salvación del alma que, a la postre, es lo único que importa. En suma, se trata de escatologías que optan, consciente o inconscientemente, por modelos dicotómicos que postulan siempre un enfrentamiento entre lo presente y lo futuro, lo espiritual y lo material, la Iglesia y el mundo. Es necesario, entonces, formular una crítica final a estos modelos y postular un paradigma nuevo, integral, que se fundamente en el único Dios, que es tanto Creador como Salvador, cuyo propósito no se diversifica, sino que, por el contrario, se unifica en Jesucristo y actúa en la historia una para llevarla a su culminación en el cielo nuevo y la tierra nueva.

1. Escatología de ruptura epistemológica

Como definiéramos en otra obra, el significado y origen de "epistemología" es el siguiente:

> Del griego *episteme* (ciencia), puede entenderse como "teoría de la ciencia", en rigor, de la ciencia moderna. En este sentido, debe diferenciarse de la *gnoseología* ("teoría del conocimiento"). Estudia las posibilidades, límites, problemas y métodos del conocimiento científico.[1]

La epistemología tiene que ver, entonces, con la manera de entender una realidad, con los métodos que utilizamos para comprender esa realidad. En el caso que nos ocupa, debemos plantear: ¿cómo se ha construido la escatología hasta hoy? ¿Cuáles son sus énfasis? ¿Hasta qué punto sus fundamentos teóricos toman en cuenta la totalidad de la información bíblica sobre el tema? ¿Qué elementos de las escatologías estudiadas son válidos? ¿Cuáles aspectos se han subrayado y cuáles se han descuidado o ignorado?

Nuestra ruptura epistemológica, es decir, nuestra crítica a los modelos escatológicos que en general predominan hoy, se refiere, especialmente, a dos cuestiones. La primera es la relativa al "milenio". Como expusimos en el capítulo 3,

---

[1] Alberto F. Roldán, *¿Para qué sirve la teología? Una respuesta crítica con horizonte abierto*, Facultad Internacional de Educación Teológica, Buenos Aires, 1999, p. 217.

hasta ahora el milenio ha sido el centro neurálgico a partir del cual se han elaborado las escatologías más conocidas entre los evangélicos, ya sean premilenarias, posmilenarias o amilenarias. Hay dos razones principales por las cuales creemos necesario cuestionar este centro milenarista. En primer lugar, está el hecho incontrastable del escaso fundamento bíblico para sustentar el tema. Como hemos visto, quienes postulan un milenio literal de gobierno de Jesucristo sobre la tierra pueden apelar a un solo pasaje bíblico: Apocalipsis 20.1-7. Es cierto que allí encontramos repetida seis veces la palabra "milenio" (*jilia*), pero no es la cantidad de veces que se repite una palabra lo que la torna literal. Lo decisivo es el uso de esa palabra en el contexto en que aparece y, sobre todo, el tipo de lenguaje. El uso de la metáfora y de lo simbólico en la Biblia es mucho más frecuente de lo que pensamos, hasta el punto que, en términos generales, Dios se adecua a nuestra realidad humana para enseñarnos realidades divinas y espirituales. Las palabras "Padre", "Hijo", "esposa de Cristo", "Vid verdadera", "luz del mundo", "sal de la tierra" no dejan de ser, en cierto modo, metáforas del lenguaje para describir lo que de otra manera no se podría describir. Y esto se acentúa todavía más cuando hablamos de apocalíptica, donde las palabras "Babilonia", "Sodoma y Egipto", "siete estrellas", "siete sellos" y "mil" no deben ser tomadas al pie de la letra, porque apuntan a realidades que están más allá de su significado literal.

Claro está que quienes suscriben a un milenio literal pueden ver dicho milenio ilustrado en muchos textos bíblicos, como Isaías 11.6-11. Sin embargo, se trata de lecturas condicionadas por la presuposición del milenio, ya que nada impide que tomemos esas descripciones como figurativas o simbólicas, o bien como referencias al mundo eterno de la tierra nueva.

La segunda razón por la cual es necesario criticar el carácter central del eje milenarista en la comprensión de la escatología es que acentúa o subraya mucho el milenio a expensas del Reino consumado. Aun bajo el supuesto de que aceptáramos un milenio literal —y el lector tiene todo derecho de pronunciarse a favor de esto—, nunca deberíamos desconocer que la meta final de la historia no es un milenio literal. Por el contrario, como bien señala el apóstol: "Según su promesa, esperamos un cielo nuevo y una tierra nueva, en los cuales habite la justicia" (2P 3.13). A partir de esta afirmación medular, la morada que aguardamos como pueblo de Dios no es ni una Jerusalén terrena, ni un templo reconstruido en esa ciudad, sino un cielo nuevo y una tierra nueva. Esa es la meta de nuestra esperanza, la cual termina por ser desplazada en los esquemas escatológicos milenaristas.

En segundo lugar, nuestra ruptura epistemológica se refiere también al terror —a nivel de pánico— que ha dominado muchas de las escatologías popularizadas a fines del siglo 20. Partiendo de la frágil teoría del "rapto secreto", se ha elaborado todo un sistema que tiende a salvaguardar a la Iglesia de las calamidades que sobrevendrán a la tierra, puesto que ella sería "arrebatada" a los cielos. Esto ha dado lugar a toda una literatura de terror, propia de plumas ágiles como la de Stephen King. Es necesario tener en cuenta que ese pretendido "rapto secreto e inminente" no deja de ser "una curiosa creencia, prácticamente desconocida en la más temprana historia de la teología".[2] Como hemos expuesto en una investigación anterior:

> Precisamente, el único pasaje que explícitamente se refiere al llamado "rapto" o "arrebatamiento" es el de 1 Tesalonicenses 4.13-17. En realidad, el dispensacionalismo transforma la descripción "seremos arrebatados" en una expresión técnica "el rapto", como si se tratara de algo diferente a "la parusía" o "la revelación". Pero una exégesis pormenorizada del pasaje conduce a la conclusión de que el pretendido "rapto" no es ni secreto ni anterior a la parusía sino, en todo caso, una descripción de la venida de Jesucristo en gloria.[3]

---

2 Iain Murray, *The Puritan Hope*, The Banner of Truth, Londres, 1971, p. 200. Sobre esta creencia del rapto, Murray dice: "Es claro que ningún grupo de cristianos hizo de ella un asunto de fe antes del siglo 19" (*Ibíd.*, p. 286, nota al pie).

3 Alberto F. Roldán, "Comprensión de la realidad social en el discurso teológico de los Hermanos Libres en la Argentina (1882-1955)", tesis inédita de doctorado en teología, ISEDET, Buenos Aires, 1996, p. 285. Del sugerente trabajo exegético que de este pasaje realizó Néstor O. Míguez, destacamos dos hechos: que el tema de 1Ts 4.13ss "es y sigue siendo únicamente la *parousía*: ésta viene segura y rápidamente" y que el "'ser arrebatados' marca el poder con que viene el Señor, poder capaz de romper con los condicionamientos de las fuerzas naturales. Poder capaz de convocar a los propios fieles para la realización de la *apántesis* (reunión) que acompaña a toda *parousía*" ("Para no

Aceptar, consciente o inconscientemente, el supuesto de un "rapto" o "arrebatamiento" de la Iglesia deriva, entonces, en un enfoque "escapista", que plantea una salida abrupta de este mundo perverso. Luego de dar rienda suelta a la imaginación, no faltan autores que, en una rara mezcla entre lo doctrinal y lo ficcional, describen "el rapto" y afirman que, cuando éste se produzca, estaremos viajando a 186.000 millas por segundo. Y entonces, mientras dejamos atrás las luces de las ciudades norteamericanas, diremos: "¡Adiós Dallas! ¡Adiós, Houston! ¡Adiós, Los Ángeles! ¡Adiós, mundo!"[4] Las expresiones denotan un sentimiento de satisfacción y liberación por parte de quienes tendrán la bendición de participar en ese viaje intergaláctico, mientras las ciudades, grandes y pequeñas, y el mundo todo, se aprestan a experimentar la lucha desigual frente a las huestes del Anticristo. En la radicalización más fuerte del esquema, la imaginación está destinada a sembrar el terror, mientras a los fieles se les asegura la bienaventuranza de que serán libres tanto del sufrimiento como de este pobre mundo para el cual, parece, Dios no tendría otro plan que hundirlo en la destrucción y la muerte. Esto nos conduce a un segundo aspecto del paradigma que proponemos.

2. Escatología que supera dicotomías

Muchas teologías se han caracterizado por sus dicotomías. Este fenómeno ya puede rastrearse a partir del gnosticismo, uno de cuyos maestros, Basílides, según el insuperable lenguaje de Jorge Luis Borges, "publicaba que el cosmos era una temeraria o malvada improvisación de ángeles deficientes".[5] Esta "bifurcación" o "división en dos" —que de eso se trata cuando hablamos de dicotomía— resultó nefasta al filtrarse en el

---

quedar sin esperanza. La apocalíptica de Pablo en 1 Tes como lenguaje de esperanza", en *Revista de Interpretación Bíblica Latinoamericana*, Nro. 7, DEI, San José (1990): 49 y 55.

4 A. G. Mojtabai, *Blessed Assurance. At Home with the Bom in Amarillo, Texas*, Londres, 1987, p. 181, citado por Jürgen Moltmann en *The Coming of God. Christian Eschatology*, Fortress Press, Minneapolis, 1996, p. 360, nota 50.

5 Jorge Luis Borges, "Tres versiones de Judas", en *Ficciones*, Alianza Editorial, Madrid, 1999, p. 184.

cristianismo, en el siglo 2. Desde el comienzo mismo de la Iglesia se hizo presente una especie de "pre-gnosticismo", en términos de *docetismo*, el cual postulaba que Dios, espíritu puro, jamás podría encarnarse. En pocas palabras, para esta tendencia, Jesús se parecía a un ser humano, pero no lo era en realidad. En escatología, debemos superar la dicotomía que subraya lo espiritual en detrimento de lo material. Es necesario ir más allá de una mera espiritualización de la esperanza hacia una concepción de la misma que, sin negar sus aspectos espirituales, afirme también sus rasgos materiales. Para ilustrarlo, basta pensar en cómo Pablo, frente a la negación de la resurrección histórica y concreta de Jesús, escribe 1 Corintios 15 con energía y decisión. Allí critica esa perspectiva helenizante y afirma tanto el hecho de la resurrección del Señor como el estado final de los cristianos. Precisamente, ese estado no consiste en "almas desencarnadas" sino en personas que, como tales, tendrán un "cuerpo espiritual" (vv. 42, 43: *soma pneumatikon*), pero cuerpo al fin. La salvación que Dios realiza en Jesucristo involucra no sólo nuestra "alma" o "espíritu" sino también nuestro cuerpo (ver Ro 8.23; Fil 3.21). Afirma Moltmann:

> No somos salvados *de* esta tierra, de modo que pudiéramos renunciar a ella. Somos redimidos juntamente *con* ella. No somos salvados *del* cuerpo, sino vivificados eternamente *con* él... Por eso, la esperanza original de los cristianos no se dirigía al más allá del cielo, sino a la venida de Dios y de su reino a esta tierra. Los hombres somos criaturas terrenales y no unos aspirantes a ángeles.[6]

La segunda dicotomía tiene que ver con el tiempo. Una escatología que hace referencia casi exclusivamente al futuro dista mucho de tomar en serio los datos neotestamentarios. En efecto, según la opinión unánime de los apóstoles y escritores del Nuevo Testamento, la escatología ha sido inaugurada por Jesucristo. En este sentido, podemos hablar de una "escatología realizada" o, mejor aún, de una "escatología inaugurada y en curso de realización ininterrumpida". Dios, que habló de muchas maneras en otros tiempos por medio de los profetas, "en estos

---

[6] Jürgen Moltmann, *El Espíritu Santo y la teología de la vida*, Sígueme, Salamanca, 2000, p. 94, énfasis original.

días escatológicos nos ha hablado por medio de su Hijo".⁷ El Hecho de Cristo, su nacimiento, vida, muerte, resurrección y ascensión a la diestra del Padre, constituye el comienzo de la escatología. El futuro ya ha comenzado. No estamos invitados a especular acerca de cuándo comenzará la escatología porque, a despecho que haya un período de gran desarrollo de la maldad, con hechos y acontecimientos que preanuncian el final de la historia, el futuro eterno ya ha sido determinado con la obra de Jesucristo. Vivimos en los días escatológicos, con todo lo que ello significa en términos no sólo de juicio sino también de esperanza.

La tercera dicotomía, subyacente en el esquema dispensacional, se relaciona con el postulado sobre Israel y la Iglesia. Obviamente, ambas constituyen, desde cierto punto de vista, realidades diferentes y distinguibles, pero de ningún modo deben ser opuestas, como si representaran dos pueblos de Dios con destinos diferentes. En este sentido, como demostráramos en un trabajo sobre teología bíblica,⁸ debemos entender la Iglesia como una continuación del Israel de Dios, tal como lo insinúan pasajes clave del Nuevo Testamento como Efesios 1.11ss.; Gálatas 3 y 6.16; Romanos 9–11 y 1 Pedro 2.9-10.

La cuarta dicotomía, de alguna manera ya indicada en el acápite anterior, tiene que ver con el postulado Iglesia *versus* mundo. La escatología de muchas de las iglesias evangélicas se ha caracterizado por una concentración eclesiológica que, al tiempo que sólo se interesa por el futuro de la Iglesia, desprecia el mundo o no lo considera como parte del plan reconciliador de Dios. Es cierto que la Iglesia es el cuerpo de Cristo, es su Esposa, es la comunidad del Espíritu Santo, pero todo lo que Dios hace en su Iglesia tiene una proyección que va más allá de ella. Sin necesidad de aceptar todo el postulado universalista que se ha venido gestando en algunas teologías protestantes,⁹

---

7 Traducción nuestra del original griego de Heb 1.2.

8 Alberto F. Roldán, "La unidad del pueblo de Dios según pasajes seleccionados de las cartas paulinas", tesis inédita de maestría en teología, Seminario Internacional Teológico Bautista, Buenos Aires, 1984.

9 Con "universalismo" nos referimos a aquella idea antigua que se remonta a Orígenes de Alejandría y que afirma que al final todos los seres creados serán reconciliados;

lo importante es subrayar que en Cristo toda la creación será reconciliada (Col 1.20), y que nosotros aguardamos "la restauración (*apokatastáseoos*) de todas las cosas, como Dios lo ha anunciado desde hace siglos por medio de sus santos profetas" (Hch 3.21).[10] No hay una reconciliación de la Iglesia que no sea un anticipo de la reconciliación de toda la creación, porque esta última, hoy esclavizada por la corrupción, experimentará en el día de Jesucristo "la libertad de la gloria que corresponde a los hijos de Dios".[11] Dice Moltmann:

> Con el nuevo nacimiento de Cristo de la muerte a la vida eterna, esperamos nosotros también el nuevo nacimiento de todo el cosmos. No se pierde nada de cuanto Dios ha creado. Todo vuelve en figura glorificada.[12]

Una quinta dicotomía que es necesario superar es detectada por la teología feminista. En este sentido, a modo de ilustración, citamos el trabajo de Nancy Bedford titulado "La espiritualidad

---

incluso —especulaba el maestro alejandrino— Satanás mismo. Recientemente, teólogos como Jürgen Moltmann dejan la puerta abierta para este tipo de perspectivas. En su obra cristológica, Moltmann desliza una duda en cuanto a si todos los vivos y muertos serán salvos o solamente algunos (*El camino de Jesucristo: cristología en dimensiones mesiánicas*, Sígueme, Salamanca, 1993, p. 455). En su obra más reciente, *The Coming of God*, amplía esa visión, argumentando que "la salvación universal *y* el doble resultado del juicio son por lo tanto bien atestiguados por igual bíblicamente. De modo que la decisión por uno o por otro no puede ser hecha en base a la 'Escritura'" (p. 241, énfasis original). El autor analiza luego las diversas formas de universalismo en la historia de la teología cristiana (*Ibíd.*, pp. 243-255).

10 Jorge Luis Borges se hace eco de la doctrina que sugiere la palabra *apokatástasis*. Relaciona el concepto con las ideas griegas, que postulaban que el universo era consumido por el fuego que lo engendró, para resurgir de la aniquilación y comenzar otra historia idéntica. Y comenta: "Como las otras conjeturas de la escuela del Pórtico, esa de la repetición general cundió por el tiempo, y su nombre técnico, *apokatástasis*, entró en los Evangelios (Hechos de los Apóstoles, III, 21), si bien con intención indeterminada" (*Historia de la eternidad*, Alianza Editorial, Madrid, 1998, p. 95). Santiago Kovadloff hace referencia al tema cuando, en términos poéticos, dice: "Se trata, según Lucas, del retorno que, desde los cielos reconquistados tras la resurrección, emprenderá Jesús hacia este mundo. Y ello como consecuencia y coronación del universal acatamiento de los hombres a su verdad y a su fe. Tal cosa tendrá lugar una vez que el arrepentimiento gane el tormentoso corazón judío" (*Lo Irremediable, Moisés y el espíritu trágico del judaísmo*, Emecé, Buenos Aires, 1996 p. 131). Para una discusión teológica, ver Jürgen Moltmann, *The Coming of God*, pp. 237-240.

11 Traducción nuestra de Ro 8.21.

12 J. Moltmann, *El Espíritu Santo y la teología de la vida*, p. 150.

cristiana desde la perspectiva de género".[13] La teóloga argentina muestra cómo la tipificación de los polos antropológicos (varón/ mujer) terminaron por identificar de modo radical a uno (varón) con lo espiritual y al otro (mujer) con lo corporal y la naturaleza. Esto, que tuvo sus raíces en el pensamiento de filósofos como Aristóteles y Filón de Alejandría, entraría luego en la teología y se volvería particularmente influyente en Occidente a mediados del siglo 18. En lo que se refiere a su incidencia en la escatología, Bedford señala:

> La convicción de que lo corporal está ligado a lo femenino, a lo animal y que es de algún modo inferior a lo espiritual y virtuoso, no es fácil de superar. La dicotomía entre espíritu/alma/varón y cuerpo/materia/ mujer persiste, a pesar de que la fe cristiana confiesa la esperanza en la "resurrección de un cuerpo espiritual" y no cree en la "inmortalidad del alma" desencarnada en un sentido helenístico u oriental.[14]

Estas agudas percepciones ponen de manifiesto hasta qué punto las dicotomías pueden irrumpir subrepticiamente en el pensamiento cristiano modificando los conceptos bíblicos, en este caso, estableciendo una jerarquía de lo masculino sobre lo femenino y reduciendo esto último a una posición "secundaria". Es necesario, a partir de esta crítica, superar esta dicotomía, que no condice ni con el carácter de Dios, quien no hace acepción de personas, ni con su propósito escatológico de redención integral: espíritu y cuerpo.

3. Escatología que renuncia a la especulación

A lo largo de nuestra exposición hemos hecho algunas referencias al cúmulo de especulaciones sobre la escatología y, especialmente, la apocalíptica. En este sentido, es necesario

---

13 Nancy E. Bedford, "La espiritualidad cristiana desde la perspectiva de género", *Cuadernos de Teología*, ISEDET, Buenos Aires (2000):105-125.

14 *Ibíd.*, p. 117. La autora coloca en bastardillas el prefijo *vir*, de origen latino, para subrayar la idea que subyace en palabras como *virilidad, viril, virtud* y que apunta a lo masculino como modelo.

cuestionar ciertas lecturas ideológicas de los textos. Hemos de sospechar de toda identificación fácil e interesada de los personajes apocalípticos. En este sentido, será necesario tener bien presente la historia de la interpretación apocalíptica, la cual nos enseña que, en tiempos del Imperio Romano, la bestia era Nerón, que después fue Hitler y que no faltaron quienes la identificaron con el Papa romano. Más recientemente, hubo quienes hablaron sin hesitación de la URSS como encarnación histórica de la bestia apocalíptica.[15] Ni aún la desaparición de la URSS terminó con esta fiebre; en pleno desarrollo de la Guerra del Golfo surgió la nueva hipótesis interpretativa: el anticristo era Saddam Hussein. Llama la atención que estos enfoques siempre resulten unilaterales y maniqueos: "los malos de la película" son los que se oponen a ciertos países poderosos y sus políticas. En contraposición, "los buenos" siempre son estos últimos.

La especulación que también debemos evitar es aquella que tiende a identificar muy fácilmente la inminencia del fin del mundo. Más allá que superamos el año 2000 sin que nada importante haya acontecido,[16] y aunque es cierto que hay "señales de los tiempos" de las que habló Jesús (discurso escatológico de Mt 24, Mr 13 y Lc 21), dichas señales no deben ser tomadas a la ligera, como si cada guerra en el mundo, cada pestilencia, hambruna y mortandad significara ya estar a las puertas del fin. Esas señales deben ser interpretadas como referencias temporales colocadas en el amplio abanico de la eternidad. El enfoque misionológico está muy estrechamente vinculado a este tipo de especulaciones. Por supuesto, estamos a favor de la extensión de la misión de la Iglesia en el mundo y del crecimiento del evangelio y su poder transformador. Sin embargo, postular que "nos encontramos en la última generación de la historia", que "Cristo está a las puertas", que "estamos viviendo en los días finales" y que "los jóvenes que viven hoy experimentarán la venida gloriosa de Jesús y

---

15 Incluso hubo quienes, jugando con la etimología de Mesec (Ez 38.2), encontraban extrañas raíces comunes con Moscú.

16 Vale recordar siempre que, en realidad, el año 2000 d.C. equivale más o menos al 2004, ya que, como sabemos, Jesús de Nazaret nació unos 4 años antes de Cristo.

no verán la muerte", no deja de resultar temerario, aunque fuera bien intencionado. En efecto, tales afirmaciones, en esencia, no están muy lejos de las predicciones fallidas sobre la fecha de la parusía de Jesucristo, las cuales, más allá de sus divergencias respecto al año,[17] tienen algo en común: todas fracasaron. Además, utilizar el esquema de la inminencia como especie de dínamo para activar la misión evangelizadora de la Iglesia representa, de alguna manera, una forma solapada de manipulación. El pragmatismo y el funcionalismo de este tipo de propuestas parecen tornar inimputables a quienes las elaboran, ya que, una vez demostrada la falacia, éstos no se hacen cargo de la misma. Importan los fines, no los medios.

La escatología neotestamentaria no es una especie de crucigrama que debemos armar tratando de armonizar los datos bíblicos con lo que acontece en el mundo. Ese es el modelo de una hermenéutica de concordismo, mediante la cual, como bien ha criticado José Severino Croatto,[18] es un reduccionismo que superficializa el mensaje bíblico. Al plantearse el objetivo de la escatología neotestamentaria, C. René Padilla ha dicho con claridad meridiana:

> La enseñanza escatológica del Nuevo Testamento no tiene como propósito satisfacer nuestra curiosidad en cuanto al futuro ni proveernos materiales para la elaboración de una futurología imaginativa. Su propósito es más bien invitarnos a discernir los tiempos en función de la fidelidad a Jesucristo en la vida y misión de la iglesia en la situación actual.[19]

En otros términos, pero en una misma línea crítica a las especulaciones escatológicas, se ha expresado José Míguez Bonino. En su insuperable ensayo "El Reino de Dios y la historia" insta a sustituir la pregunta sobre dónde está presente y se hace visible el reino y sustituirla por otra que busque cómo nos

---

[17] Año 1833 (y después 1834) para los Adventistas del Séptimo Día, 1914 para los Testigos de Jehová", y 1988 para Hal Lindsey.

[18] José Severino Croatto, *Hermenéutica bíblica*, La Aurora: Buenos Aires, 1984, pp. 13-14.

[19] C. René Padilla, *Misión integral*, Nueva Creación, Buenos Aires-Grand Rapids, 1986, p. 120.

insertamos en esa historia porque, argumenta:

> La cuestión no es primordialmente noética sino, por así decirlo, empírica. Tiene que ver con una respuesta activa. El reino no es un objeto a conocer sino un llamado, una convocación, una presión que impulsa.[20]

4. Escatología que opta por la esperanza

La escatología del miedo y el terror, de la "salvación del alma" y el "rapto de la Iglesia" debe ceder su lugar a una escatología que se afirme en el Dios de la esperanza, que suscriba en teoría y práctica, en doctrina y en acción, la intervención de Dios en su mundo. Dicha escatología debe estar plenamente convencida de que el Dios Salvador no es otro que el Dios Creador, interesado en la reconciliación de todas las cosas. Más allá del juicio de Dios —que también es cierto— la meta del Dios Salvador y Creador es que en Jesucristo todas las cosas sean recapituladas (ver Ef 1.10). Esta esperanza es firme, y lejos de conducirnos al estatismo o la resignación o, peor aún, de hacernos desear que nuestro mundo agonice, nos dinamiza para proclamar y actuar de tal modo que los valores del Reino de Dios —la paz y la justicia— se manifiesten, no sólo en la Iglesia sino en la familia, en el trabajo, en el Estado y en la sociedad toda. La escatología integral es la teología de la esperanza que "no nos defrauda, porque Dios ha derramado su amor en nuestro corazón por el Espíritu Santo que nos ha dado" (Ro 5.5). Estamos llamados a actuar movidos por esa esperanza, a "desfatalizar" la historia y a anhelar confiados "un cielo nuevo y una tierra nueva", en la seguridad de que en el día sin fin Dios habitará con nosotros y que Él mismo "enjugará toda lágrima de los ojos. Ya no habrá muerte, ni llanto, ni lamento, ni dolor, porque las primeras cosas han dejado de existir" (Ap 21.1, 3, 4). En medio de los estertores de un mundo que sufre, nosotros también sufrimos con él, pero al mismo tiempo miramos el futuro con la expectativa que el fin de nuestra vida y el fin del mundo no son otra cosa

---

[20] José Míguez Bonino, "El Reino de Dios y la historia" en C. René Padilla (editor), Casa Bautista de Publicaciones, El Paso, 1975, pp. 84-85.

que el comienzo de todo. El Reino de Dios que nos acercó Jesucristo ya está actuando en una creación que sufre dolores de alumbramiento. Es precisamente ese Reino el que —lejos de tornarnos insensibles al dolor o de postular una conducta "escapista", no carente de egoísmo— nos debe movilizar para materializar una ética y un compromiso a favor de la justicia, el amor y la paz.

5. Escatología trinitaria

El modo del hablar cristiano sobre Dios es la Trinidad. Invocar a Dios como Padre, Hijo y Espíritu Santo no es utilizar una mera aritmética teológica. Se trata del nuevo nombre de Dios revelado en Jesucristo. ¿Qué incidencia tiene la Trinidad sobre la escatología cristiana? Entendemos que, en general, cuando los cristianos se refieren a la escatología, inmediatamente piensan en el regreso de Jesucristo en gloria. De ese modo, la escatología se enfoca cristocéntricamente y se agota allí. Sin embargo, es necesario ampliar la visión, porque el Dios en quien creemos, revelado en Jesucristo, vive y actúa como Padre, Hijo y Espíritu Santo. Esto da a pensar, entonces, que también en el desenlace escatológico actuará como tal. En un modesto intento de síntesis, exponemos las siguientes ideas.

En primer lugar, la escatología trinitaria se centra en el futuro de Jesucristo. Pablo dice que aguardamos "la esperanza bienaventurada y la manifestación gloriosa de nuestro Dios y Salvador Jesucristo" (Tit 2.13). La escatología cristiana está ligada al futuro de Jesucristo. Debemos entender con Braaten que "la escatología es el evento mesiánico de salvación".[21] Esto significa que

> la escatología y la cristología no pueden ser separadas. La esperanza cristiana del futuro está dirigida siempre a la persona de Cristo, quien ha venido a la historia y está perfectamente retratado para nosotros en las Escrituras. El futuro que la fe espera es completado

---

21 Carl Braaten, *The flaming center. A Theology of the Christian Mission*, Fortress Press, Filadelfia, 1977, p. 97.

con la presencia de Jesucristo quien nos hace conocer al Padre esperado. Pero el Cristo escatológico no es otro que el judío crucificado que murió como un criminal indeseable. Y ambos —el Señor exaltado y el Hijo del hombre humillado— son uno y el mismo Jesucristo quien nos encuentra en el evangelio y los sacramentos.[22]

Cuando Cristo vuelva, entonces, pondrá de manifiesto su gloria y majestad, las mismas que alguna vez insinuó en la transfiguración. En efecto, de acuerdo con la reflexión de Pedro, el poder y la parusía de nuestro Señor Jesucristo no fue dada a conocer por los apóstoles como producto de "fábulas artificiosas" sino como habiendo visto con sus propios ojos la majestad del Señor (2P 1.16). El regreso glorioso de Jesucristo significará la vindicación escatológica de su persona, su misión y su dignidad. Todo ojo le verá, incluso los que lo traspasaron (Ap 1.7).

La escatología centrada en Jesucristo debe ampliarse, no limitarse a una visión simplemente eclesiológica. Es cierto que Cristo vuelve para la redención final de los hijos de Dios, pero no es menos cierto que esa parusía de Cristo tiene alcances mundiales y cósmicos. Como puntualiza Moltmann, "la escatología cristiana habla del futuro de Cristo, que saca a luz al hombre y al mundo".[23] Debemos entender la expectación cristiana en términos de la realización de algo nuevo en Jesucristo y, por lo tanto, en su dominio sobre toda la realidad. En efecto, la esperanza cristiana "aguarda de él algo nuevo, algo no acontecido hasta ahora: aguarda el cumplimiento de la prometida justicia divina en todo, el cumplimiento de la resurrección, el cumplimiento del dominio del crucificado sobre todo, prometido en su exaltación".[24]

En segundo lugar, la escatología trinitaria dinamiza por el poder del Espíritu. Así como el desenlace escatológico tiene su punto central en la venida del Cristo glorioso, también el Espíritu desplegará su poder dinámico en la resurrección de los muertos

---

22 *Ibíd.*

23 J. Moltmann, *Teología de la esperanza*, Sígueme, Salamanca, 1969, p. 255.

24 *Ibíd.*, p. 297.

y en la redención del mundo. En el presente, el Espíritu conduce a la unión de los cristianos con Dios, suscitando la fe en Cristo, y se derrama en la Iglesia para potenciarla en el cumplimiento de la misión que se le ha encomendado. Sin embargo, esa presencia del Espíritu está en los cristianos como "arras", una especie de anticipo de lo que es el compromiso de Dios de redimir nuestros cuerpos. En Romanos 8, Pablo anticipa en visión profética que esto no sólo alcanza al pueblo de Dios sino que también tiene dimensiones cósmicas. Wolfhart Pannenberg subraya lo mismo cuando afirma:

> A la reconciliación de los individuos y la sociedad, sobre la base de la reconciliación con Dios por la confesión de Jesucristo, corresponde la obra del Espíritu vinculando el futuro con el presente. Por el Espíritu, el futuro escatológico está presente ya en los corazones de los creyentes. Su dinámica es la base de la anticipación de la salvación escatológica en el ya pero todavía no de la incompleta historia del mundo.[25]

Así como la presencia del Reino de Dios a partir de Jesús —de su vida, misión, muerte y, sobre todo, resurrección—, es una presencia proléptica, también el Espíritu Santo se hace presente prolépticamente en el mundo. La confianza firme es que ese mismo Espíritu vivificará nuestros cuerpos mortales (Ro 8.11). Así como el *ruaj* (Espíritu) de Dios entró en acción cuando se le preguntó al profeta Ezequiel, en la visión de los huesos, si esos huesos vivirían (Ez 37.3), cosa que hizo posible el Espíritu, así también el Espíritu Santo obrará con poder, resucitando a los muertos y dotándolos de cuerpos glorificados —*somai pneumatikoi* (cf. 1Co 15.44), cuerpos dinamizados por el Espíritu—, cuando el Cristo regrese en gloria. Sin embargo, la escatología del Espíritu no se detiene allí. Pablo vislumbra un nuevo mundo, un mundo recobrado, en el cual las cadenas de la corrupción han sido rotas definitivamente para dar lugar a una nueva creación, en la cual, al igual que en la primera creación (Gn 1.2), el Espíritu actúa para dar vida y transformar el mundo de Dios (Ro 8.17ss.). Apelando a una terminología cosmológica,

---

25 W. Pannenberg, *Systematic Theology*, Wm. Eerdmans Publishing Co., Grand Rapids, 1998, Vol. 3, p. 552.

Hansen intuye que "la doctrina cristiana sobre Dios posee una tercera dimensión, la dimensión de la *'expansión'* del ser trinitario significado por el Espíritu".[26]

En tercer lugar, la escatología trinitaria implica, lógicamente, el destino doxológico de toda la creación, en el cual Dios Padre sea todo en todos. Teniendo como arquetipo y cabeza de este proyecto escatológico a Jesucristo, en la dinámica propia del Espíritu toda la realidad será recapitulada en Dios y para Dios. Dice Hansen:

> No sólo los cuerpos humanos, sino las partículas subatómicas, los soles, galaxias, pájaros, bacterias, piedras, tierras, leyendas, estatuas, árboles, arquetipos, todo tiene un futuro en eso que llamamos Dios. Y la única lógica que puede recibir esta multiplicidad en unidad es, precisamente, lo que llamamos Trinidad.[27]

Multiplicidad de seres en la unidad del Dios trino y uno, esa y no otra es la meta final de la escatología cristiana. A pesar de cierta reminiscencia platónica, podemos suscribir a lo que dice Boff:

> Cada ser se verá enfrentado con su prototipo eterno, el Hijo del Padre. La comunión y la unión que reina entre todos se revelará como expresión del Espíritu. La creación estará unida para siempre al misterio de la vida, del amor y de la comunión del Padre, del Hijo y del Espíritu Santo.[28]

6. Escatología de la misión: el Reino de Dios

Es imposible hablar de la Iglesia sin hablar del Reino, porque la Iglesia es una expresión visible y anticipadora del Reino

---

[26] Guillermo Hansen, "Cuando queremos hablar del misterio: Una modesta introducción al tema trinitario", *Cuadernos de Teología*, Vol. XIX, ISEDET, Buenos Aires (2000):137, énfasis original.

[27] *Ibíd*.

[28] Leonardo Boff, *La Trinidad, la sociedad y la liberación*, Ediciones Paulinas, Buenos Aires, 1986, p. 280.

venidero de Dios que se nos ha acercado en Jesús. Es imposible, del mismo modo, hablar de escatología y no referirnos a la misión de la Iglesia en el mundo. El futuro de Dios en Jesucristo debe orientar a la Iglesia en su proclamación y su acción en el mundo. Como indica Braaten:

> La iglesia es la representante del reino de Dios en la historia. Su misión es luchar por el reino de Dios. Como agente del reino la iglesia incorpora parcialmente lo que anticipa como el cumplimiento escatológico de la historia.[29]

La misión de la Iglesia se inspira tanto en el pasado como en el futuro. Ella encuentra en la historia de Jesús de Nazaret su modelo y su impulso inspirador. Al mismo tiempo, dinamiza su acción en la medida que, por la fe, revitaliza su esperanza en el triunfo final de Dios, que se materializará a partir de la parusía del Señor de gloria. Esta doble mirada, hacia el pasado y el futuro, permite a la Iglesia no caer ni en el conformismo ni en el fatalismo. En efecto, si la iglesia mirara sólo al pasado, ese hecho la conduciría a perpetuar el *statu quo*, tanto de ella misma como de la sociedad. O, en el mejor de los casos, la llevaría a la simple repetición de modelos, formas y liturgias que, aunque fueron útiles en el pasado, ya no son relevantes ni hablan al mundo posmoderno y globalizado. Por otra parte, si la Iglesia sólo mirara al futuro, carecería de los fundamentos suficientes para su mensaje y su praxis en el mundo. Una mirada sintética dirigida tanto al pasado como al futuro le permite a la Iglesia de Jesucristo cumplir con su misión. Su proclamación es el evangelio del Reino, el cual "tiene una conexión interna con la venida del fin, porque en la predicación la persona encuentra al Uno que está viniendo".[30] Si la escatología es lo que marca la teología cristiana desde sus comienzos apostólicos, no debe sorprender, entonces, que la misión de la Iglesia también deba inspirarse en la parusía de Jesucristo. Así como nos reunimos en la Cena del Señor para proclamar su muerte "hasta que él venga" (1Co 11.26), y así como concebimos la vida cristiana como un estar alertas porque somos "hijos de la luz", y nuestra salvación

---

29 Carl Braaten, *op. cit.*, p. 33.
30 *Ibíd.*, p. 35.

final está más cerca de su concreción que cuando creímos (Ro 13.11; 1Ts 5.9-11), así también la Iglesia evangeliza y realiza su misión con la mirada en el futuro de Jesucristo. Como lo expresa acabadamente Ricardo Foulkes:

> En este tiempo de la Iglesia, la misión que llevamos a cabo tiene miras hacia el fin. No sólo mira hacia atrás, o se remonta hasta el Jesús histórico, sino que siempre reviste el carácter de una misión con miras hacia el regreso. Se puede definir así: el reino de Cristo que apunta hacia el fin. Por consiguiente, cada vez que evangelizamos, declaramos el reinado de Cristo hasta que él venga.[31]

El evangelio del Reino debe ser anunciado a todas las naciones a través de la Iglesia, comunidad de ese Reino y organismo proléptico respecto al mismo. La mirada hacia el futuro del Reino de Dios no es una invitación a realizar crucigramas especulativos que sólo conducen, en el mejor de los casos, al entretenimiento propio del futurismo sensacionalista y, en el peor, al fatalismo y la resignación. "Cristo vuelve pronto; por lo tanto, no nos preocupemos por el estado de la sociedad y del mundo; dediquémonos sólo a 'salvar almas'". Lejos de este tipo de actitud, el Dios de la esperanza nos invita a proclamar a Jesucristo como el Señor que vuelve en gloria para recapitular todas las cosas debajo de su jefatura (Ef 1.10).

Proclamamos una escatología cristocéntrica, en el sentido que todo lo que Dios ha realizado a favor de la humanidad y de toda la creación ha tenido como protagonista la persona y la obra de Jesucristo. Es "en Cristo" y "por Cristo" que podemos experimentar la presencia anticipada del Reino eterno. Nuestra esperanza surge del pasado —de un hecho fundamental: la resurrección de Jesucristo de entre los muertos— y se nutre del futuro. Ese paradigma es una expresión de la escatología de Dios, toda vez que representa la irrupción del futuro Reino de Dios y la victoria de su justicia sobre la injusticia, de la vida sobre la muerte. Por otra parte, nuestra esperanza se nutre del futuro de Jesucristo, de su parusía gloriosa, la cual marcará el

---

31 Ricardo Foulkes, "Escatología y misión", en Orlando E. Costas, comp., *Hacia una teología de la evangelización*, La Aurora, Buenos Aires, 1973, p. 81.

desenlace final del propósito de Dios para la Iglesia, el mundo y la creación.

Como hijos de Dios, vivimos "entre los tiempos". Entre un "antiguo eón" (edad antigua), en el que domina el pecado y la muerte, y un "futuro eón" (edad futura), en el que reinarán la vida y la gloria. Reconocemos la realidad de la muerte como hecho biológico y judicial (en términos de Pablo, "el salario del pecado"; Ro 6.23), y el juicio final, donde todos serán juzgados según sus obras (Ap 20.11, 12). Sin embargo, sabemos que ni la muerte física ni el juicio final constituyen la meta final del propósito de Dios. Por el contrario, sin dejar de reconocer la veracidad de esas realidades, enfatizamos que la meta del propósito cósmico de Dios es, precisamente, la reconciliación de toda la creación, la cual hoy, por el pecado, sufre dolores de parto (Col 1.20; Ro 8.19-23).

Finalmente, la parusía de Jesucristo, "bendita esperanza" (Tit 2.13), nos dinamiza para el cumplimiento de la misión de Dios en el mundo, que se cristaliza toda vez que proclamamos el evangelio del Reino y vivimos sus consecuencias éticas, tanto en el plano personal, como en el familiar, social, político, económico y ecológico. Es así como, por obra del Espíritu, podemos otear en el horizonte el triunfo final del Dios trino y uno. De ese modo, Trinidad y misión convergen en el hecho que "la Iglesia es enviada por el Espíritu; el Espíritu es enviado por el Hijo, y el Hijo es enviado por el Padre".[32] La historia es el escenario del despliegue del Dios trino, quien nos convida, en gracia, a la participación en su misión de redimir la creación. La certeza de que Dios no puede fracasar en la concreción de ese objetivo nos permite "desfatalizar" la historia y evitar la resignación. Sabemos que ni el anuncio del evangelio ni la lucha por la justicia y la paz del Reino de Dios son ejercicios inútiles como tampoco lo es el cuidado de la tierra. En ese sentido, la teología holística y feminista de Sallie McFague puede servir como orientación para la búsqueda de nuevos modelos. Dice la teóloga estadounidense:

El lenguaje que sostiene las formas jerárquicas,

---
32 Braaten, *op. cit.*, p. 55.

dualistas, externas, inmutables, atomistas, antropocéntricas y deterministas de comprender esas relaciones no es apropiado *para nuestro tiempo*, por más que pueda haberlo sido en el pasado. El lenguaje apropiado para nuestra época, en el sentido de que es acorde con el paradigma de realidad con que actualmente vivimos, debería alentar unas formas de comprender las relaciones Dios-mundo y ser humano-mundo abiertas, solícitas, inclusivas, interdependientes, cambiantes, recíprocas y creativas.[33]

En síntesis, se trata de unir la oración con la acción, tal como lo revela el siguiente texto litúrgico:

"Oramos para que la paz y la justicia se abracen
y se besen de una vez,
poniendo fin a tanta barbarie y a tanto dolor sin sentido.
Desde lo profundo de nuestra incomprensión
sólo podemos esperar en ti, oh Dios,
confiando y creyendo que, finalmente,
la vida podrá más que la muerte,
el amor más que el odio,
la paz más que la violencia,
la comprensión más que la intolerancia…
Conmovidos por el absurdo,
seguimos esperando que amanezca
el tiempo de la justicia,
el tiempo de la compasión,
el tiempo del encuentro,
el tiempo de la armonía,
el tiempo de la fraternidad,
tú tiempo,
el tiempo del Reino.[34]

---

33 Sallie McFague, *Modelos de Dios. Teología para una época nuclear,* trd. Agustín López y María Tabuyo, Sal Terrae, Santander, 1994, p. 38, cursivas originales. Para un análisis más profundo de la teología de McFague, véase Alberto F. Roldán, "La propuesta metodológica de Sallie McFague en la búsqueda de nuevos modelos para una teología metafórica", Franciscanum: revista de las ciencias del espíritu, ISSN 0120-1468, Vol. 59, N°. 168, 2017, págs. 197-228.

34 Gerardo Oberman, "Oración" en René Krüger, Gerardo Oberman, Sergio Bertinant y Germán Zijlstra, *Vida plena para toda la creación,* AIPRAL- Instituto Universitario Isedet, 2006, pp. 347.

VI

La escatología en la literatura latinoamericana

> *"Durante años habrá tembladera de huesos y entrechocar de dientes, escalofrío y carne de gallina. Durante años aullarán las chimeneas, los profetas y los jefes. La niebla que cabecea en los tanques podridos vendrá a pasearse a la ciudad. Y al mediodía, bajo el sol equívoco, el vientecillo arrastrará el olor de la sangre seca de un matadero abandonado ya hasta por las moscas."*
>
> Octavio Paz - *Visión del escribiente*

Desde Dante Alighieri con su *Divina comedia*, como para marcar un comienzo, la escatología y la apocalíptica, con sus terrores del infierno y sus promesas del cielo, han interesado vivamente a los escritores de todo el mundo. Podemos citar, como ejemplo, una obra del prolífico autor estadounidense Stephen King que se titula, precisamente, *Apocalipsis*. También el neoyorkino Paul Auster ha publicado una novela titulada *El país de las últimas cosas*, considerada por los editores como un fascinante viaje postapocalíptico. Sin embargo, nuestra referencia más específica en este capítulo será a novelistas y ensayistas latinoamericanos que también abordan ampliamente esta temática. Nos vamos a referir, particularmente, a Mario Vargas Llosa, Jorge Luis Borges, Ernesto Sábato y Leopoldo Marechal.

Mario Vargas Llosa: *La guerra del fin del mundo*

El peruano Mario Vargas Llosa, premio Nobel de literatura, aborda el tema escatológico en su novela titulada *La guerra del fin del mundo*, considerada por algunos críticos como su mejor obra. La misma está estructurada en base al texto del brasileño Euclídes da Cunha, *Os Sertões*,[1] que narra la historia que aconteció en Canudos, al nordeste de Brasil, al fin del siglo XIX (1897) en el contexto de una insurrección popular con fuerte connotación religiosa. El escenario es la lucha entre los campesinos que sufrían en una tierra exhausta por la sequía y el ejército brasileño de 10.000 soldados que representan el poder de un Brasil recién creado. El personaje central es un predicador fanático, Antonio Conselheiro (Consejero), que empezó a construir un templo mientras daba la bienvenida a los que llegaban y exhortaba a todos a ser hospitalarios. Pero su tema principal era el fin del mundo. Por eso, en los primeros tramos de la narración se dice: "Un eclipse sumiría al mundo en tinieblas tan absolutas que todo debería hacerse al tacto, como entre ciegos, mientras a lo lejos retumbaba la batalla".[2] El Consejero predicaba la llegada del Reino de Dios. Dice la voz narradora:

> La voz del santo resonó bajo las estrellas, en la atmósfera sin brisa que parecía conservar más tiempo sus palabras, tan serena que disipaba cualquier temor. Antes de la guerra habló de la paz, de la vida venidera, en la que desaparecerán el pecado y el dolor. Derrotado el Demonio, se establecería el Reino del Espíritu, la última edad del mundo antes del Juicio Final. ¿Sería Canudos la capital de ese Reino?[3]

La referencia al Reino del Espíritu refleja la influencia del místico Joaquín da Fiore que interpretaba la historia en tres

---

[1] Euclides da Cunha, *Os Sertões. A campanha de Canudos*, 28ª edición, Francisco Aves, Río de Janeiro, 1979. En su cuento "Tres versiones de Judas" Jorge Luis Borges se refiere a esta obra del brasileño da Cunha y dice: "Euclides da Cunha, en un libro ignorado por Rneberg, anota que para el heresiarca de Canudos, Antonio Conselheiro, la virtud 'era una casi impiedad'". Jorge Luis Borges, *Ficciones*, Alianza Editorial/María Kodama, Madrid, 1995, p. 189, nota 2.

[2] Mario Vargas Llosa, *La guerra del fin del mundo*, Alfaguara, Buenos Aires, 2008, p. 67.

[3] *Ibíd.*, pp. 86-87.

eras: la del Padre, la del Hijo y la del Espíritu Santo. También en la novela de Carlos Fuentes, *Terra nostra*, aparece en la sección titulada "La profecía del tercer tiempo". El mago dice que tres son los tiempos del hombre: el de la fe, el de Cristo y, finalmente, "El tercer tiempo se iniciará en estos días que vivimos. Es inminente".[4]

Volviendo a la narrativa de Vargas Llosa, notamos que el Consejero también daba muestras de conocer la teología y los dogmas católicos, toda vez que hablaba "de la transubstanciación, del Padre y del Hijo que eran dos y uno, y tres y uno con el Divino Espíritu Santo y, para que lo oscuro fuera claro, explicó que Belo Monte podía ser, también, Jerusalén".[5] La transubstanciación, la Trinidad y la "nueva" Jerusalén aparecen aquí en todo su esplendor. La prédica del Consejero caló hondo en mucha gente, de tal modo que viajaban a Canudos "para esperar allá el Apocalipsis".[6] La narración también incluye imágenes en las cuales se puede entrever el milenio como una utopía donde no habrá ricos ni pobres. Luego de distinguir entre los creyentes que resucitarán a los tres meses y un día y los de Can, que morirán para siempre, mostrando la diferencia entre vida y muerte, cielo e infierno, condena y salvación, dice la voz narradora:

> El Anticristo podía mandar soldados a Canudos: ¿de qué le serviría? Se pudrirán, desaparecerían. Los creyentes podían morir, pero tres meses y un día después, estarían de vuelta, completos de cuerpo y purificados de alma por el roce con los ángeles y el tufo del Buen Jesús. Gall lo escudriñaba con los ojos encendidos, esforzándose por no perder una sílaba. En una pausa del viejo dijo que las guerras se ganaban no sólo con la fe, sino con armas. ¿Estaba Canudos en condiciones de defenderse contra el ejército de los ricos? Las miradas de los peregrinos oscilaron hacia el que hablaba y volvieron al apóstol. Éste había escuchado, sin mirar a Gall. Al final de la guerra ya no habría ricos, o mejor dicho, no se notaría, pues todos serían ricos. Estas piedras se volverían

---

4 Carlos Fuentes, *Terra nostra*, p. 554.
5 *Op. Cit.*, p. 127.
6 *Ibíd.*, p. 215.

ríos, esos cerros, sembríos fértiles y el arenal que era Algodones, un jardín de orquídeas como las que crecían en las alturas de Monte Santo. La cobra, la tarántula, la suçuarana serían amigas del hombre, como hubiera sido si éste no se hubiera hecho expulsar del Paraíso.[7]

Imposible no relacionar esta descripción con pasajes del Antiguo Testamento como en Isaías:

"Jugará un niño de pecho
junto a la cueva de la cobra,
y el recién destetado meterá la mano
en el nido de la víbora.
No harán ningún daño ni estrago
en todo mi monte santo,
Porque rebosará la tierra
con el conocimiento del SEÑOR
como rebosa el mar con las aguas."[8]

Finalmente, la insurrección en Canudos es aplastada por el ejército, pero el impacto que el Consejero imprimió en los que lo seguían fue de tal magnitud, que hasta se especuló que fue llevado a los cielos por los ángeles. En *La guerra del fin del mundo*, Vargas Llosa hace gala de su capacidad narrativa, recreando los hechos históricos narrados por el brasileño Euclides da Cunha. Toda la narración está atravesada por elementos escatológicos y apocalípticos: el fin del mundo, el bien y el mal, Dios y satanás, la condenación y la salvación, el cielo y el infierno, sumado a visiones proféticas de una nueva tierra donde no habrá muerte, ni dolor, ni sufrimiento y donde se concretará la ansiada igualdad entre los seres humanos.

Diálogo entre Sábato y Borges: el cielo y el infierno

Ernesto Sábato y Jorge Luis Borges, ambos escritores argentinos, también han incursionado en la temática escatológica y apocalíptica. El primero, ofreciendo varias novelas que abordan el tiempo final, y el segundo, en cuentos

---
7 *Ibíd.*, pp. 255-256,
8 Isaías 11.8, 9 NVI.

y ensayos. Sabato tituló una de sus novelas: *Abbadon el exterminador*[9] que es una descripción de "visiones de nuestro infierno", según describió un diario francés. Un breve comentario sobre esta novela la presenta en estos términos: "El quinto ángel del Apocalipsis irrumpe con la fuerza de un huracán sombrío y devastador, para recuperar las raíces antiguas de la tragedia".[10] Esta novela cierra la trilogía constituida por *El túnel* y *Sobre héroes y tumbas*. La narrativa se sitúa en Buenos Aires a comienzos del año 1973 y abunda en referencias a escritores y filósofos, entre otros el propio Sábato. La novela comienza con la cita del Apocalipsis: "Y tenían por rey al Ángel del Abismo, cuyo nombre en hebreo es Abaddón, que significa El exterminador". Toda la narrativa plantea la lucha entre el Bien y el Mal, denunciando el triunfo de este último, y abunda en referencias a figuras apocalípticas como "el dragón cubriendo el firmamento de la madrugada como una furiosa serpiente que llameaba en un abismo de tinta china".[11] Y también menciona al monstruo que "echaba fuego por las fauces de sus siete cabezas".[12] El autor da cuenta del tipo de literatura que es la apocalíptica cuando se refiere a "Símbolos, letras y cifras. Salen de la magia antigua, de los gnósticos y del Apocalipsis según San Juan".[13]

Por su parte Jorge Luis Borges aborda en sus enjundiosos ensayos y sugestivos cuentos los temas del cielo y el infierno, el tiempo y la eternidad. Su interés por la escatología se evidencia en su ensayo "La duración del infierno" en el que no duda en afirmar que "ningún otro asunto de la teología es para mí de igual fascinación y poder".[14] Y también en su predilección por el místico sueco Emmanuel Swedenborg, de quien reproduce el cuento "Un teólogo en la muerte"[15] referido a Melanchton que,

---
9 Ernesto Sábato, *Abbadon el exterminador*, Planeta, Buenos Aires, 1991, contratapa.
10 Comentario del diario *Le figaro*, recogido por *Clarín*, inserto en contratapa de la edición indicada.
11 *Ibíd.*, p. 8.
12 *Ibíd.*, p. 9.
13 *Ibíd.*, p. 236.
14 Jorge Luis Borges, "La duración del infierno", Alianza Editorial/María Kodama, Madrid, 1995, p. 122.
15 Jorge Luis Borges, "Un teólogo en la muerte", *Historia universal de la infamia*, Alianza Editorial/María Kodama, Madrid, 1995, pp. 107-109. Estos textos de Borges y otros son

cuando llega al cielo, su habitación es una réplica de su estudio en la tierra y no puede escribir la palabra "caridad" ya que cuando lo hace, se le borra la tinta porque no escribe con convicción, insistiendo siempre en "la justificación por la fe".

Existe un diálogo entre ambos escritores que aborda los temas escatológicos. En el mismo, conversan sobre la muerte, el cielo y el infierno:

> **Sábato:** Pero como en el futuro nos espera la muerte, hay pesadillas que no pueden ser sino visiones del infierno que nos atiende.
>
> **Borges:** (*serio*) Pero, ¿usted no cree, Sábato, que el cielo y el infierno son invenciones verbales?
>
> **Sábato:** Creo que son realidades, aunque eso no quiere decir que sean realidades tan candorosas como las que se enseñan a los chicos en las iglesias. Las pesadillas, las visiones de los locos que 'se ponen fuera de sí' (fíjese qué significativa es esa antigua expresión), las visiones de los poetas son realidades, no son amontonamientos de palabras. Los que veían pasar a Dante por las calles de Ravena, silencioso y flaco, comentaban en voz baja, con su especie de sagrado recelo: 'Ahí va el que estuvo en el infierno'. Yo creo que Dante vio, como todo gran poeta, con terrorífica nitidez, lo que el común de las gentes apenas entrevé. Lo que el hombre común borrosamente alcanza a ver en esa pequeña muerte transitoria que es el sueño.
>
> **Borges:** (*que lo ha escuchado con apacible incredulidad*) Yo estoy cómodo pensando que el cielo y el infierno son hipérboles.
>
> ...
>
> **Sábato:** El infierno puede existir eternamente sin que usted sea castigado eternamente.[16]

---

analizados con mayor profundidad en un libro del presente autor, titulado: *Borges y la teología. Hermenéutica de textos de Jorge Luis Borges en perspectiva teológica*, Teología y Cultura Ediciones, Buenos Aires, 2018.

16 Osvaldo Barone (compilador), *Diálogos Borges-Sábato*, Emecé/María Kodama, Buenos Aires, 1996, pp. 129-130. Comentando la fuerte inclinación que Borges siempre mostró por el cielo y el infierno, Muñoz Rangel escribe: "La inclinación de Borges por los cielos y los infiernos es ampliamente conocida. […] Sus peregrinaciones lectoras por los infiernos literarios son pródigas: Dante, Quevedo, Torres Villarruel, Baudelaire, Gibbon, Milton, André Gide, Swedenborg, Weatherhead, Bluter y Shaw. Juan Jacinto Muñoz Rangel, "¿En qué creía Borges?", *Revista Estigma*, Nro. 3, Málaga, 1999, p. 63. El autor llega a la conclusión de que el interés de Borges por la temática del infierno era solo

Volviendo a Borges, encontramos en otro de sus ensayos la referencia a la *apokatástasis*, vocablo griego que aparece en la narrativa de Lucas en Hechos 3.21. Él relaciona el concepto con las ideas griegas que postulaban que el universo será consumido por el fuego que lo generó, para resurgir de la aniquilación y comenzar otra historia idéntica. Y comenta: "Como las otras conjeturas de la escuela del Pórtico, esa de la repetición general cundió por el tiempo, y su nombre técnico, *apokatástasis*, entró en los Evangelios (Hechos de los Apóstoles, III, 21), si bien con intención indeterminada".[17] El ensayista argentino Santiago Kovadloff, a su vez, se hace eco del tema cuando, en términos poéticos, dice:

> Se trata, según Lucas, del retorno que, desde los cielos reconquistados tras la resurrección, emprenderá Jesús hacia este mundo. Y ello como consecuencia y coronación del universal acatamiento de los hombres a su verdad y a su fe. Tal cosa tendrá lugar una vez que el arrepentimiento gane el tormentoso corazón judío.[18]

Una última referencia a Borges, esta vez poética, la encontramos en el segundo volumen de sus *Obras completas*. Allí se incluye un poema titulado: "Del cielo y del infierno". Después de negar que el infierno de Dios necesite el esplendor del fuego o que la eternidad requiera un jardín remoto para alegrar los méritos del justo, Borges remata su poesía diciendo:

> "En el cristal de un sueño he vislumbrado
> el Cielo y el Infierno prometidos:
> cuando el Juicio retumbe en las trompetas
> últimas y el planeta milenario
> sea obliterado y bruscamente cesen
> ¡Oh Tiempo! Tus efímeras pirámides,
> los colores y las líneas del pasado

---

literario ya que no creía en su realidad.

17 Jorge Luis Borges, "La doctrina de los ciclos", *Historia de la eternidad*, Alianza Editorial, Madrid, 1998, p. 95. Cursivas originales. Un pequeño detalle de la referencia que hace Borges es que tal texto no corresponde exactamente a los evangelios, sino que es la continuación del evangelio de Lucas: Hechos de los Apóstoles.

18 Santiago Kovadloff, *Lo irremediable. Moisés y el espíritu trágico del judaísmo*, Emecé, Buenos Aires, 1996, p. 131. Para una discusión teológica de la *apokatástasis*, véase Jürgen Moltmann, *The Coming of God. Christian Eschatology*, trad. Margaret Kohl, Fortress Press, Minneapolis, 1996, pp. 237-240.

definirán en la tiniebla un rostro
durmiente, inmóvil, fiel, inalterable
(tal vez el de la amada, quizá el tuyo)
y la contemplación de ese inmediato
rostro incesante, intacto, incorruptible
será para los réprobos, Infierno,
para los elegidos, Paraíso."[19]

Llama la atención que el final escatológico de la humanidad lo plantee Borges en términos de réprobos y elegidos, acaso como un eco de la teología calvinista, sobre todo en este último término que evoca la predestinación, doctrina clave en el sistema del teólogo francés.

Volviendo a Sábato, es necesario hacer una mención de su última obra: *La resistencia*. Es un libro de ensayos que reúne cartas y reflexiones del autor sobre la condición humana en la globalización y la posmodernidad. Comienza con una puesta firme a la esperanza: "Hay días en que me levanto con una esperanza demencial, momentos en que siento que las posibilidades de una vida más humana están al alcance de nuestras manos".[20] El autor afirma los valores del espíritu, el valor del mito y de la religión en un mundo masificado por los "medios de comunicación" que aíslan a la persona humana hasta una especie de autismo. La visión que Sábato describe del mundo no podría ser más desoladora y sofocante. De hecho, él dice que intuye que "podría suceder que la especie humana fuese incapaz de soportar los catastróficos cambios del mundo contemporáneo".[21] Como indica en la cita inicial de ese ensayo, Sábato culpa a la ciencia –o tal vez, al mal uso de la ciencia- por haber multiplicado la destrucción y la muerte con sus ensayos atómicos y sus nubes apocalípticas. Ese panorama se observa hoy en la concentración del poder y de la globalización. Dice Sábato:

---

19 Jorge Luis Borges, "Del infierno y del cielo", *Obras completas*, vol. II, 20ª edición, Buenos Emecé/María Kodama, Buenos Aires, 1989, pp. 243-244. Otros poemas de Borges, especialmente cristológicos, son analizados en Alberto F. Roldán, *Borges y la teología*.

20 Ernesto Sábato, *La resistencia*, Planeta/Seix Barral, Buenos Aires, 2000, p. 11.

21 *Ibíd.*, p. 25.

Veinte o treinta empresas como un salvaje animal totalitario, tienen [el mundo] en sus garras. Continentes en la miseria al lado de altos niveles tecnológicos, posibilidades de vida asombrosas a la par de millones de hombres desocupados, sin hogar, sin asistencia médica, sin educación".[22]

¿Es esta la crisis del sistema capitalista?, pregunta Sábato. Y responde que es mucho más que eso. "Es la crisis de toda una concepción del mundo y de la vida basada en la idolatría de la técnica y de la explotación del hombre".[23] Esa situación terminal del mundo también puede ser observada en cómo el ser humano trata a la naturaleza. En lenguaje poético dice: "milagro es que el amor permanezca y que todavía corran los ríos cuando hemos talado los árboles de la tierra".[24] Volviendo a usar el lenguaje apocalíptico, dice que "si algo es apocalíptico, es ese vivir como si mañana no hubiese mundo y sólo nos restara disimular la tragedia".[25]

¿Qué hacer en medio de este caos? ¿A qué nos insta Sábato para cambiar este estado de cosas que, de seguir así, nos llevará inexorablemente a la extinción? Fundamentalmente, a un cambio de mentalidad y a una recuperación de la fe y de la esperanza. Porque, argumenta, al cambiar la mentalidad del ser humano el peligro en que vivimos se transforma, paradójicamente, en esperanza. Así, "Podremos recuperar esta casa que nos fue míticamente entregada".[26] Él nos invita

---

22 *Ibíd.*, p. 98.

23 *Ibíd.*, p. 99-100.

24 *Ibíd.*, p. 66. El problema ecológico que plantea Sábato también es abordado desde la literatura fantástica de Liliana Bodoc. En *Los días de la sombra*, narra la escritora santafecina: "La madre avanza sobre un páramo de polvo rojizo. Por los cuatro costados, hasta donde alcanzan los ojos, es una región resquebrajada y fría. Allí no hay sol, no llega el sol, no quiere. La niebla, que jamás se disipa, apenas deja ver cientos de árboles secos que fueron en un tiempo de hojas y de frutos, con sus pájaros de verano". Liliana Bodoc, *Los días de la sombra. La saga de los confines 2*, Punto de Lectura, Buenos Aires, 2014, pp. 39-40. En otro tramo del relato, consigna: "Más allá y muy lejos de la vida de cada uno, podremos preservarnos si preservamos la hermandad de la creación". *Ibíd.*, p. 300. Liliana Bodoc nació en Santa Fe el 21 de julio de 1958 y falleció en Mendoza el 6 de febrero 2018.

25 *Op. Cit.*, p. 87.

26 *Ibíd.*, p. 32. Sábato traduce exactamente la idea del *oikos* como casa o habitación

a rechazar el destino como fatalidad, a recuperar la dimensión religiosa de la vida. Sábato recupera frases en las cuales, en otro tiempo, no había reparado, tales como "Dios proveerá".[27] Comprueba que, desde que el ser humano existe sobre la tierra, "No hay cultura que no haya tenido sus dioses. El ateísmo es una novedad de los tiempos modernos".[28] Y esa dimensión religiosa del ser humano le permite evitar ser un engranaje, porque ninguno puede dejar de pertenecer a una historia sagrada. Por el contrario, "cuando ya no hay un Padre a través del cual nos sentimos hermanos, el sacrificio pierde el fuego de que se nutre".[29] Finalmente, Sábato hace una fuerte crítica al nihilismo e insta a la resistencia inspirada en la fe y en la esperanza de un mañana mejor, en un volverse apasionadamente hacia la vida. Su última cita es un resumen de su propuesta. Recordando las palabras de Sören Kierkegaard, dice: "La fe comienza precisamente donde acaba la razón".[30] Sábato nos deja un legado de fe y esperanza. Pronuncia un sí a la vida, al ser humano y al mundo. Su mensaje no es estrictamente cristiano[31] pero tiene afinidad con él, toda vez que critica proféticamente un mundo dominado por el individualismo, la tecnocracia, la competencia y el dominio de algunos pocos sobre los muchos. Él resiste a aceptar ese mundo y postula un mundo mejor que puede surgir de la fe y de la esperanza, virtudes en las cuales no está ausente lo trascendente, aunque dentro de un cuadro humanista antes que cristiano.

---

común que es el mundo que Dios nos ha dado para habitar.
27 *Ibíd.*, p. 48.
28 *Ibíd.*
29 *Ibíd.*, p. 49.
30 *Ibíd.*, p. 147.
31 La lucha de Sábato parece ser entre creer y no creer. Cuando insta a la resistencia, encuentra dificultades para indicar un fundamento. Dice: "La situación ha cambiado tanto que debemos revalorar, detenidamente, qué entendemos por resistir. No puedo darles una respuesta. Si la tuviera saldría como el Ejército de Salvación, o esos creyentes delirantes –quizá los únicos que verdaderamente creen en el testimonio- a proclamarlo en las esquinas, con la urgencia que nos ha de dar los pocos metros que nos separan de la catástrofe". *Ibíd.*, pp. 124-125.

Leopoldo Marechal: *Adán Buenosayres* y *El banquete de Severo Arcángelo*

Poeta y novelista argentino que elaboró varias de sus obras teniendo como plano de fondo la apocalíptica. Nacido en Buenos Aires en 1900, Marechal pasó los veranos de su infancia en Maipú, provincia de Buenos Aires. En su gran novela *Adán Buenosayres*[32] cuenta que ese nombre surgió del hecho de que en Maipú los niños lo llamaban "Buenos Aires", la ciudad donde nació y seguramente su fuerte acento así lo denotaba. Esa novela comenzó a escribirla en París en 1931 y la terminó en 1948. Obra de una gran densidad metafísica y teológica, en ella Marechal hace varias referencias al Apocalipsis y la Nueva Jerusalén. Dice la voz narradora: "¡Ciertamente, no debería insistir en sus lecturas del Apocalipsis, a medianoche! Aquellas terribles imágenes de la destrucción prolongaban un insomnios [Sic], interferían en sus sueños y al despertar le dejaban un regusto de oscuras premoniciones".[33] Al evocar una referencia a la luna convertida en sangre y al cielo que se enrolla como un pergamino, relata: "Las tremendas palabras del Apocalipsis venían resonando en sus oídos desde la noche anterior".[34] Y, precisamente, son esas las palabras que lo llevan a una "torpe oración". Dice Marechal:

> Entonces, bajo el peso de aquel terror, Adán había caído de rodillas; y sintió que por vez primera su torpe oración ganaba las alturas que se le habían negado tantas veces; y se había dicho que aquel sagrado temor era sin duda el preludio de la ciencia viviente con la cual venía suspirando su alma tras el hastío de las letras muertas. Un temor sagrado. Pero, ¡cuán fácilmente se disipaba ya entre los ruidos y colores del nuevo día![35]

Esa referencia al "temor sagrado" tal vez sea una evocación del concepto de "lo santo", estudiado magistralmente por

---

32 Para un análisis de la narrativa de Marechal, véase Alberto F. Roldán, *Te busca y te nombra. Dios en la narrativa argentina,* Pronombre, Mar del Plata, 2011, p. 84-100.
33 Leopoldo Marechal, *Adán Buenosayres,* 2da. Edición, Planeta, Buenos Aires, 1997, p. 18.
34 *Ibíd.*, p. 21.
35 *Ibíd.*

Rudolf Otto, que lo describió como algo revestido de misterio fascinante y terrible.[36] Las mismas palabras, las mismas emociones son repetidas más adelante: "*in crescendo, in crescendo, hasta romperme los tímpanos del alma*".[37]

La Philadelphia que aparece en la novela de Marechal es seguramente una referencia a la Nueva Jerusalén del Apocalipsis. En una descripción plena de poesía dice:
Philadelphia levantará sus cúpulas y torres bajo un cielo resplandeciente como la cara de un niño. Como la rosa de las flores, como el jilguero entre las avecillas, como el oro entre los metales, así reinará Philadelphia, la ciudad de los hermanos, entre las urbes de este mundo. Una muchedumbre pacífica y regocijada frecuentará sus calles [...] Dirán los agentes policiales: "¡Buen día, señor! ¿Cómo está, señor?" Y no habrá detectives, ni prestamistas, ni rufianes, ni prostitutas, ni banqueros, ni descuartizadores. Porque Philadelphia será la ciudad de los hermanos, y conocerá los caminos del cielo y de la tierra, como las palomas de buche rosado que anidarán un día en sus torres enarboladas, en sus graciosos minaretes.[38]

Hay otra novela de Leopoldo Marechal que se estructura dentro del escenario apocalíptico. Nos referimos a *El banquete de Severo Arcángelo*. La obra, publicada en 1965, evidencia la conversión al evangelio que experimentó su autor. Porque muchos ignoran que Leopoldo Marechal se unió a una iglesia pentecostal cuando, en 1960, fue bautizado junto a su esposa Elbia Rosbaco Marechal. La Iglesia está ubicada en Ciudadela Norte, cerca del barrio de Liniers, en Buenos Aires.[39] En *El banquete de Severo Arcángelo*, el personaje Lisandro Farías es el narrador que protagoniza su dramática búsqueda por encontrar

---

36 Para un análisis de esa perspectiva, véase Alberto F. Roldán, "Jesús y lo sagrado: afirmación y replanteo", Revista *Compromiso cristiano*, año 21, Nro. 60, pp. 5-10.

37 *Adán Buenosayres*, p. 71. Cursivas originales.

38 *Ibíd.*, p. 299.

39 Para más datos, véase el testimonio que se recoge en la Revista *Certeza*, Nro. 50, pp. 40-41. Ese número, que se publica cuando C. René Padilla se hace cargo de la revista, ofrece información precisa y abundante sobre Marechal. También véase Alberto F. Roldán, *Te busca y te nombra*, pp. 85-100.

un lugar para ese banquete celestial, final, escatológico. En un momento dado se especula si era verdad que Severo Arcángelo buscaba "hombres de frontera para sentarlos en un presunto banquete".⁴⁰ El banquete era una especie de laberinto en el cual todos los seres humanos fueron juzgados, y ahora entramos, corremos y salimos de él, pero en una experiencia intransferible, que cada uno de nosotros tiene que realizar por sí mismo. Y la decisión es de dimensiones eternas, porque Inaudi, uno de los personajes, responde que, en el instante de la muerte, "una voz ha de soplar a su izquierda: 'Está perdido'. Y otra voz ha de replicar a su derecha: 'Está salvado'".⁴¹

Los símbolos apocalípticos son abundantes en esa obra. Se habla de Gog y Magog⁴² que, en algún tiempo, parecen esconder su naturaleza hasta que, por fin, son apresados, habiendo fracasado antes en una "Operación Secuestro". También hay antropología, teología y cristología en *El banquete*. Se habla del "primer Adán"⁴³ y de su degradación en la historia. Esa situación podría llevar a una catástrofe apocalíptica "de contornos imprevisibles, anunciada ya en la bomba de cien megatones y en los proyectiles de navegación orbital".⁴⁴ En verdad, como dice un personaje llamado Bermúdez, "toda la Creación Divina una es una historia en suspenso".⁴⁵ Pero las referencias apocalípticas más nítidas surgen cuando Marechal se refiere al "Gran Macaco del Apocalipsis", una clara indicación del Anticristo, ya que él es una especie de "Mesías al revés". Dice la narrativa: "En su terrible parodia, el Gran Mono curará la sífilis, el cáncer, la tartamudez o la ceguera de Colofón mediante raras y asombrosas penicilinas".⁴⁶ Pero el tiempo del gobierno del Gran Macaco está preestablecido: "Tres años y Medio –respondió Jonás-: cuarenta

---

40 Leopoldo Marechal, *El banquete de Severo Arcángelo*, Planeta, Buenos Aires, 1994, p. 63.
41 *Ibíd.*, p. 170.
42 Véanse esos símbolos en Ezequiel 38 y Apocalipsis 20.8.
43 *Ibíd.*, p. 194. En ese contexto se habla también del hombre de oro, el hombre de plata, el hombre de cobre y el hombre de hierro, que representan cuatro épocas en que la humanidad vivió y que evocan la imagen del sueño de Nabucodonosor de Daniel 2.
44 *Ibíd.*, p. 207.
45 *Ibíd.*, p. 208.
46 *Ibíd.*, p. 250.

y dos meses, mil doscientos sesenta días. ¡Lo dice la Palabra! Luego el Gran Mono será precipitado al Averno, entre una rechifla de ángeles".[47]

Esta novela singular termina con una referencia simbólica que, para el autor, son de índole diversa: símbolos que ríen y lloran, que muerden o que nos sirven de trampolines "para el salto del alma voladora, símbolos que nos atraen y símbolos que nos repelen.[48] Pero hay alguien que agotó la "'posibilidad terrible' del símbolo".[49] Es el Nazareno, el Cristo: "un Nombre que se nos reveló como superior a todo nombre proferido antes del suyo".[50] La expresión hunde sus raíces en el himno cristológico que incluye san Pablo en Filipenses 2.10-11. Marechal, finalmente, asocia los símbolos de los cuatro ríos del paraíso (Génesis 2) con la cruz, pues ellos representan las cuatro direcciones del espacio y las cuatro eras del Tiempo. El personaje central de la novela descubre que Cristo es "el hombre de Sangre" que es la llave de la ciudad de Dios. En una interpretación profunda de esta novela, dice Samuela Davidson:

> Aunque la solución del Banquete nunca es final, ni los símbolos son jamás exactos, el significado básico es claro: el Banquete trae para el presente el cuadro apocalíptico de la marcha de la historia para la degradación y la destrucción por un lado, y el triunfo de la esperanza en la consumación de la redención, por el otro.[51]

C. René Padilla afirma rotundamente: "*El banquete de Severo Arcángelo* es la gran novela evangélica. Cabe decir, la primera gran novela evangélica escrita por un autor latinoamericano".[52]

---

47 Ibíd.
48 Ver referencias específicas en *ibíd.*, p. 255.
49 Ibíd., p. 268.
50 Ibíd.
51 Samuela D. Davidson, "La visión apocalíptica en la novela de Marechal" en Revista *Certeza*, Nro. 50, p. 52. La autora obtuvo el doctorado en literatura hispanoamericana en la Universidad de Kentucky, mediante una beca, e hizo investigaciones en Buenos Aires para cumplir con los requisitos académicos.
52 C. René Padilla, "El banquete de Severo Arcángelo. Su dimensión teológica", *ibíd.*, p. 55. Otro autor argentino que merece un estudio pormenorizado es Julio Cortázar. Al respecto, véase el análisis que hace Lois Parkinson Zamora del cuento "El perseguidor",

Conclusión

Como evaluación final, podemos decir que la literatura siempre ha hecho referencias a temas escatológicos y apocalípticos. En el caso de la narrativa latinoamericana, los ejemplos van desde relatos históricos como los de Euclides da Cunha, pasando por una versión ficcional realizada por el peruano Mario Vargas Llosa. Una ligera comparación entre Sábato y Borges nos permite establecer que, en términos generales, Sábato da evidencias de ser un escritor cuyo pensamiento está más cercano al cristianismo, mientras Borges considera importante el lenguaje teológico, aunque siempre desde una perspectiva literaria y ficcional. Sábato, en la última obra analizada, se presenta como un profeta secular, ya que critica la cultura de la tecnocracia, la globalización y el mal uso de la ciencia que nos llevó al borde del precipicio. Al mismo tiempo, su llamado a un cambio de mentalidad y una recuperación de la fe y de la esperanza es coincidente con el mensaje del Evangelio. No hay dudas, por otro lado, que el gran maestro Borges siempre se refirió a la teología, en este caso, la escatología, dando evidencias de sólidos conocimientos y su proverbial precisión, aunque sin evitar su acendrada ironía.

Quien recorre más creativamente el lenguaje escatológico y apocalíptico para estructurar su narrativa es Leopoldo Marechal. En nuestra lectura de *El banquete de Severo Arcángelo*, utilizando como bastidor el recurso apocalíptico, entrelaza líneas de la filosofía, la antropología y la teología con precisión y belleza pocas veces alcanzadas. Se trata de un uso creativo del símbolo –no sin ironía– puesto al servicio de la descripción de la peregrinación que un alma humana realiza hasta la Jerusalén celestial, y de la cual Jesucristo es la puerta de entrada.

Más allá de la influencia que la escatología y la apocalíptica han ejercido en el ámbito religioso –donde surgió– es necesario

---

cuyo epígrafe es el texto "Sé fiel hasta la muerte" (Ap. 2.10). Para la especialista estadounidense el personaje Johnny Carter, saxofonista de jazz, "con su música intenta lograr esa 'explosión' apocalíptica que Cortázar considera como función del artista". *Op. Cit.*, p. 104.

buscarla también en el mundo literario. Porque no hay cultura humana que no esté imbuida de lo religioso. Como dice Paul Tillich: "El lenguaje es la creación cultural básica. Por otro lado, no hay creación cultural sin que se exprese en una preocupación última".[53]

---

[53] Paul Tillich, *Teología de la cultura y otros ensayos,* trad. Leandro Wolfson y José C. Orríes e Ibars, Amorrortu editores, Buenos Aires, 1974, p. 46. Comentando la relación que hay entre literatura y teología, Cecilia Castillo Lanjarí dice que Marc Ale, "a través de su artículo 'Presencia y ausencia de Dios en la literatura contemporánea', habla de cómo el arte del lenguaje, la literatura, es por excelencia el lugar donde se manifiesta lo espiritual". VV. AA. *Teologia e literatura,* UMESP, San Pablo, 1997, p. 76.

Conclusión

A lo largo de esta obra hemos transitado el apasionante camino de la escatología. Su importancia radica en que la teología cristiana tiene su génesis en la apocalíptica neotestamentaria. Jesucristo inaugura la escatología ya que, como afirma el autor de la carta a los Hebreos, Dios "en estos días finales [escatológicos] nos ha hablado por medio de su Hijo" (1.1). De modo que la escatología no es una invitación para especular sobre el futuro sino la rotunda afirmación de que ya estamos en esos días decisivos del hablar y del obrar de Dios mediante Jesucristo.

Sin embargo, pese a la importancia que la escatología tiene en el Nuevo Testamento, ese tema esencial de la teología cristiana quedó obturado por el optimismo que campeaba en Europa en el siglo XIX, afirmando, temerariamente, que íbamos hacia la perfección de la humanidad y del mundo. Las dos guerras mundiales dieron por tierra con tal optimismo y el contexto condujo a resituar la escatología cristiana en el centro del interés de los teólogos y teólogas del siglo XX y del presente. Por eso dedicamos el capítulo 1 a rastrear esa búsqueda en la que tuvieron un lugar destacado teólogos protestantes como Albert Schweitzer, Weisss, Ritschl y, posteriormente, las figuras descollantes de Karl Barth, Paul Tillich, Rudolf Bultmann y Jürgen Moltmann.

En el capítulo 2 hemos distinguido tres términos clave: escatología, profecía y apocalíptica que, aunque están a veces inextricablemente unidos, es importante no confundirlos a la hora de su utilización. La escatología es la sección de la teología cristiana que se ocupa de las realidades finales (los *novísimos*) de la historia y del mundo. La profecía bíblica no es exclusivamente un anuncio del futuro sino una palabra de Dios que llega a los profetas en un momento histórico determinado para responder al mismo. Por otra parte, la apocalíptica es un género literario eminentemente simbólico lo cual, como genialmente definió

Paul Ricoeur, "hace pensar", ya que el símbolo es portador de un plus de significado mucho más rico que el lenguaje literal. Esto último justamente nos condujo a distinguir críticamente en el capítulo 3 el tema del milenio y la ciencia ficción que se genera en algunos de los planteos literalistas. Esa perspectiva, propia de cierta forma de dispensacionalismo popular, lleva a extremos y se torna peligrosa cuando intenta identificar los símbolos apocalípticos con acontecimientos del presente, aplicando una hermenéutica concordista que, por definición, está destinada al fracaso dado los cambios que sucesivamente se producen en el escenario geopolítico global.

Es por eso que en el capítulo 4 intentamos dejar de lado al milenio como criterio ortodoxo, para elaborar la escatología que supere ese eje reduccionista, a fin de considerar que ella es mucho más que un mapa que nos muestra cada evento que se produce en el mundo como un cumplimiento de cierto texto bíblico y plantear que la escatología es lo que da sentido a la historia cuyo *telos* es la irrupción del venidero Reino de Dios. Acaso el aporte principal de este capítulo radica en mostrar la importancia de las escatologías latinoamericanas forjadas al calor de la lucha de los pueblos por la justicia en todos los órdenes. Esos planteos se pueden percibir tanto en autores católicos como protestantes y evangélicos que coinciden en enfocar al Reino de Dios como centro neurálgico de la escatología. También la presencia de la escatología se puede percibir en el culto latinoamericano, tanto en los himnos clásicos protestantes como en la nueva himnología en la que está presente la tensión entre una escatología celestial que se desentiende del presente y una escatología del Reino en el aquí y ahora de la tierra.

El penúltimo capítulo es un esbozo de lo que entendemos por "escatología integral" que renuncia a la mera especulación sobre el futuro y que se inserta en la transformación del mundo a la luz del Reino de Dios y su justicia. En la actualidad, el cuidado de nuestro hábitat ha cobrado una inusitada relevancia y urgencia dado el creciente deterioro ecológico.

Finalmente, el nuevo capítulo de esta segunda edición del libro expone el modo en que también la literatura latinoamericana aborda el tema escatológico, demostrado una vez más que la teología, en tanto *arte-ciencia-juego-del-lenguaje* no es patrimonio de las iglesias y de los teólogos y teólogas profesionales, sino que hunde sus raíces en la cultura, *humus* en el cual debe insertarse.

La escatología cristiana, en suma, más que un campo teológico para la especulación sobre el futuro es una afirmación del futuro de Jesucristo y debe movilizarnos hacia la proclamación y la praxis del Reino de Dios y su justicia en un mundo agonizante.

ALBERTO F. ROLDÁN

Bibliografía General

Alves, Rubem, *A Theology of Human Hope*, Corpus Books, Washington/Cleveland, 1969.

— *Religión: ¿opio o instrumento de liberación?*, Tierra Nueva, Montevideo, 1970.

Ball, H. C., comp., *Himnos de Gloria combinado con cantos de triunfo*, La Antorcha, Buenos Aires, 1958.

Barclay, William, *Apocalipsis*, La Aurora, Buenos Aires, 1975.

Barone, Osvaldo, (compilador), *Diálogos Borges-Sábato*, Buenos Aires, Emecé/María Kodama, 1996.

Barth, Karl, *Carta a los Romanos*, Biblioteca de Autores Cristianos, Madrid, 1998.

Barth, Karl, *Church Dogmatics* IV.3, trad. Geoffrey W. Bromiley, T & T Clark, Edinburgo, 1956.

Bartina, Sebastián, "Apocalipsis de San Juan", *La Sagrada Escritura. Nuevo Testamento*, B.A.C., Madrid, 1967, Vol. III.

Bass, Clarence, *Backgrounds to Dispensationalism*, Wm. Eerdmans Publishing Co., Grand Rapids, 1960.

Bauckham, Richard, editor, *God will be all in all. The Eschatology of Jürgen Moltmann*, Fortress Press, Minneapolis, 2001

Bedford, Nancy E., "La espiritualidad cristiana desde la perspectiva de género", *Cuadernos de Teología*, ISEDET, Buenos Aires (2000):105-125.

Benjamin, Walter, *Concepto de filosofía de la historia*, trad. H. A. Murena y D. J. Vogelmann, Terramar, Buenos Aires, 2007.

Berkouwer, G. C., *The Return of Christ.*, Wm. Eerdmans Publishing Co., Grand Rapids, 1972.

Beros, Daniel C., "El límite que libera: La justicia 'ajena' de la cruz como poder de vida. Implicaciones teológico-antropológicas de una praxis política emancipadora", en Martín Hoffmann, Daniel C. Beros, Ruth Mooney, editores, *Radicalizando la Reforma*, La Aurora-SEBILA-UBL, 2016, pp. 209-234.

Bloch, Ernst, *Das Prinzip Hoffnung*, Suhrkam Verlag, Frankfurt, 1959.

Bodoc, Liliana, *Los días de la sombra. La saga de los confines 2*, Punto de Lectura, Buenos Aires, 2014.

Boettner, Loraine, "Posmillennialism", en Robert G. Clouse, ed., *The Meaning of the Millennium: Four Views*, InterVarsity Press, Illinois, 1977.

Boff, Leonardo, *Ressurreição de Cristo. A Nossa Ressurreição na Morte*, Vozes, Petrópolis, 1980.

— *La Trinidad, la sociedad y la liberación*, Ediciones Paulinas, Buenos Aires, 1986.

— *Hablemos de la otra vida*, Sal Terrae, Santander, 1991, 7ma. ed.

— *Saber cuidar. Ética do humano-compaixão pela terra*, 12ª edición, Editora Vozes, Petrópolis, 2004.

Borges, Jorge Luis, *Historia de la eternidad*, Alianza Editorial, Madrid, 1998.

— "Tres versiones de Judas", en *Ficciones*, Alianza Editorial, Madrid, 1999.

— "La doctrina de los ciclos", *Historia de la eternidad*, Alianza Editorial, Madrid, 1998.

— "La duración del infierno", *Discusión*, Alianza Editorial/María Kodama, Madrid, 1995.

— "Un teólogo en la muerte", *Historia universal de la infamia*, Alianza Editorial/María Kodama, Madrid, 1995.

— "Del infierno y del cielo", *Obras completas*, vol. II, 20ª edición, Emecé/María Kodama, Buenos Aires, 1989.

— *Ficciones*, Alianza Editorial/María Kodama, Madrid, 1995.

Bornkamm, Günther, *Pablo de Tarso*, Sígueme, Salamanca, 1978.

Braaten, Carl E., *The flaming center. A Theology of the Christian Mission*, Fortress Press, Filadelfia, 1977.

— *Escatología y ética*. trad. Luis Farré, La Aurora, Buenos Aires, 1977.

Braaten, Carl E. y Robert W. Jenson, ed., *Dogmática Cristã*, Editora Sinodal, São Leopoldo, 1995, Vol. 2.

Bruce, David, "Aproaches to Biblical Prophecy", *Christian Arena*, IVP, Londres (marzo de 1985):16-22.

Bull, Malcolm, comp., *La teoría del apocalipsis y los fines del mundo*, Fondo de Cultura Económica, México, 1998.

Bultmann, Rudolf, *Jesucristo y la mitología*, Libros del Nopal-Ediciones Ariel, Barcelona, 1970.

— *Teología del Nuevo Testamento*, Sígueme, Salamanca, 1981.

— *Crer e compreender. Artigos Selecionados*, Walter Altmann, ed., Editora Sinodal, São Leopoldo, 1986.

Busch, Eberhard, *Barth in Conversation*, vol. 1, 1959-1962, trad. Center for Barth Studies Princeton Theological Seminary, Westminster John Knox Press, Louisville, 2017.

Carballosa, Evis, *Cristo en el milenio. La gloria del Rey de Reyes*, Portavoz Evangélico, Grand Rapids, 2007.

Carpentier, Alejo, *Concierto barroco-El reino de este mundo*, Editorial Andrés Bello, Santiago de Chile, 1997.

Casaldáliga, Pedro, *Nossa espritualidade*, Paulus, San Pablo, 2da. ed., 1998.

Chafer, Lewis S., *Teología sistemática*, Publicaciones Españolas, Dalton, 1974, Vol. II.

Collins, John, "From Prophecy to Apocalypticism: The Expectation of the End", en *The Encyclopedia of Apocalypticsm*, Vol. I, *The Origins of Apocalypticism in Judaism and Christianity*, The Continuum Publishing Co., Nueva York, 1998.

Cousins, Norman, *El doctor Schweitzer de Lambaréné*, Ediciones Selectas, Buenos Aires, 1961.

Croatto, José Severino, "Apocalíptica y esperanza de los oprimidos. Contexto socio-político y cultural del género apocalíptico", en *Revista de Interpretación Bíblica Latinoamericana*, No. 7, DEI, San José, 1990:9-24.

— *Hermenéutica bíblica*, La Aurora, Buenos Aires, 1984 (2da. edición por Lumen, Buenos Aires, 2000).

Cullmann, O., *Salvation in History*, Harper & Row, Nueva York, 1967.

— *Cristo y el tiempo*, Estela, Barcelona, 1968.

— *Del evangelio a la formación de la teología cristiana*, Sígueme,

Salamanca, 1972.

Da Cunha, Euclides, *Os Sertões. Campanha de Canudos*, Liv. Francisco Alves, Río de Janeiro, 1979.

— *Os Sertões*, 11ª edición, Río de Janeiro, Editora Record, 2011.

Davidson, Samuela D. "La visión apocalíptica en la novela de Marechal" en Revista *Certeza*, Nro. 5, Villa María.

Deiros, Pablo A., "El 'avivamiento' espiritual en la Argentina en perspectiva histórica", *Boletín Teológico*, Nro. 68, FTL, Buenos Aires, octubre-diciembre de 1997.

De Masi, Domenico, comp., *A Emoçãao e a Regra. Os grupos criativos na Europa de 1850-1950*, 3ra. ed., Editora Universidade de Brasilia, José Olympio Editora, Río de Janeiro, 1999.

Delcor, Mathias, *Mito y tradición en la literatura apocalíptica*, Cristiandad, Madrid, 1977.

Dodd, C. H., *¿Qué significa Pablo hoy?* La Aurora, Buenos Aires, 1963.

— *Interpretación del cuarto Evangelio*, Cristiandad, Madrid, 1978.

— *La tradición histórica en el cuarto Evangelio*, Cristiandad, Madrid, 1978.

— *Las parábolas del Reino*, Cristiandad, Madrid, 1974.

— *La predicación apostólica y sus desarrollos*, Apostolado Prensa, Madrid, 1974.

Duby, Georges, *Año 1000, Año 2000. La huella de nuestros miedos*, Editorial Andrés Bello, Santiago de Chile, 1995.

Duchrow, Ulrich, "El posicionamiento de Lutero hacia el individualismo del moderno sujeto del dinero" en Marín Hoffmann, Daniel C. Beros y Ruth Mooney, editores, *Radicalizando la Reforma*, San José (Costa Rica)-Buenos Aires, Ediciones La Aurora-SEBILA-UBL, 2016, pp. 159-208.

Dussel, Enrique D. *Desintegración de la cristiandad colonial y liberación*, Sígueme, Salamanca, 1978.

Escobar, Samuel, "El reino de Dios, la escatología y la ética social y política en América Latina" en C. René Padilla (editor), *El reino de Dios y América Latina*, El Paso, Casa Bautista de Publicaciones, 1975.
— *En busca de Cristo en América Latina*, Ediciones Kairós, Buenos Aires, 2012.

Fee, R. G. y D. Stuart, *La lectura eficaz de la Biblia*, Vida, Miami, 1985.

Foulkes, Ricardo, "Escatología y misión", en Orlando E. Costas, comp., *Hacia una teología de la evangelización*, La Aurora, Buenos Aires, 1973.

Fuentes, Carlos, *Terra nostra*, 2da. edición, Editorial Joaquín Mortiz S. A., México D. F., 1976.

Furter, Pierre, *Dialéctica de la esperanza*, La Aurora, Buenos Aires, 1979.

Fukuyama, Francis, "¿El fin de la historia?", en *Doxa, Cuadernos de ciencias sociales*, 1990, Año 1, No. 1.

Galeano, Eduardo, *Patas arriba. La escuela del mundo al revés*, 2da. ed., Catálogos, Buenos Aires, 1999.

Gouvêa Mendonça, Antônio, *O Celeste Porvir. A inserção do Protestantismo no Brasil*, Pendão Real, Aste e Instituto Ecumênico de Pós-graduação em Teologia e Ciências da Religião, San Pablo, 1995.

Grau, José, "Literatura apocalíptica en la Biblia y los Apócrifos", *Pensamiento cristiano*, No. 91 (setiembre de 1977):48-55.

Grelot, Paul, "Apocalíptica", en *Enciclopedia de la Biblia*, Garriga, Barcelona, 1963, Vol. I.

Habermas, Jürgen. *El discurso filosófico de la modernidad*, trad. Manuel Jiménez Redondo, Kats editores, Buenos Aires, 2008.

Hansen, Guillermo, "Cuando queremos hablar del misterio: Una modesta introducción al tema trinitario", *Cuadernos de Teología*, Vol. XIX, ISEDET, Buenos Aires (2000):127-145.

Higuet, Etiene, "Escatología e teologia da ação: a teologia sistemática de Paul Tillich", *Revista Eclesiástica Brasileira*, Vol. 37 (setiembre de 1977):525-568.

Hoekema, Anthony, "Amillennialism", en Robert G. Clouse, ed., *The Meaning of the Millennium: Four Views*, InterVarsity Press, Illinois, 1977.

— *La Biblia y el futuro*, Subcomisión Literatura Cristiana, Grand Rapids, 1984.

Hoyt, Herman A., "Dispensational premillennialism", en Robert G. Clouse, ed., *The Meaning of the Millennium: Four Views*, InterVarsity Press, Illinois, 1977.

Käsemann, Ernst, *Ensayos exegéticos*, trad. Ramón Fernández, Sígueme, Salamanca, 1978.

Kevan, Ernest, "Milenio", en *Diccionario de Teología*, Tell, Grand Rapids, 1985.

Kirk, Andrés, *La misión cristiana bajo la lupa*, Ediciones Kairós, Buenos Aires, 2011.

Kolakowski, Leszek, "El Dios de los fracasos: teodicea", *Si Dios no existe...*, Altaya, Madrid, 1999.

Kovadloff, Santiago, *Lo Irremediable, Moisés y el espíritu trágico del judaísmo*, Emecé, Buenos Aires, 1996.

— *Sentido y riesgo de la vida cotidiana*, Emecé, Buenos Aires, 1998.

Kraus, C. Norman, *Dispensationalism in America*, John Knox Press, Richmond, 1958.

Kumar, Krishan, "El Apocalipsis, el milenio y la utopía en la actualidad", en Malcolm Bull, comp., *La teoría del apocalipsis y los fines del mundo*, Fondo de Cultura Económica, México, 1998.

Küng, Hans, *La Iglesia*, Herder, Barcelona, 1984, 5ta. ed.

— *Credo. El símbolo de los apóstoles explicado al hombre de nuestro tiempo*, Trotta, Madrid, 1997, 3ra ed.

Ladd, George E., *Crucial Questions about the Kingdom of God*, Wm. Eerdmans Publishing Co., Grand Rapids, 1952.

— *El Apocalipsis de Juan*, Caribe, Miami, 1978.

— *A Theology of the New Testament*, Wm. Eerdmans Publishing Co., Grand Rapids, 1974.

La Santa Biblia, Nueva Versión Internacional (NVI), Sociedad Bíblica Internacional, Miami, 1999.

Lanjarí, Cecilia Castillo, 'Presencia y ausencia de Dios en la literatura contemporánea" en VV. AA. *Teologia e literatura*, UMESP, San Pablo, 1997.

Lévinas, Emmanuel, *Dios, la muerte y el tiempo*, Altaya, Barcelona, 2000.

Libânio, Juan B. y Ma. Clara L. Bingemer, *Escatología cristiana*, Paulinas, Buenos Aires, 1985.

— *Escatologia Cristã*, Vozes, Petrópolis, 1996, 3ra. ed.

Lindsey, Hal, *La agonía del gran planeta tierra*, Ediciones Libertador, Maracaibo, Venezuela, 1970.

Löwy, Michael, *Walter Benjamin: aviso de incendio. Una lectura de las tesis "Sobre el concepto de historia"*, trad. Horacio Pons, Fondo de Cultura Económica, Buenos Aires, 2002.

Lutero, Martín, *La cautividad babilónica de la Iglesia. Obras de Martín Lutero*, Editorial Paidós, Buenos Aires, 1967, Vol. 1.

Marechal, Leopoldo, *Adán Buenosayres*, 2da. edición, Planeta, Buenos Aires, 1997.

—*El banquete de Severo Arcángelo*, Planeta, Buenos Aires, 1994.

McFague, Sallie, *Modelos de Dios. Teología para una era ecológica y nuclear*, trad. Agustín López y María Tabuyo, Sal Terrae, Santander, 1994.

McGinn, Bernard, "El fin del mundo y el comienzo de la cristiandad", en Malcolm Bull, comp., *La teoría del Apocalipsis y los fines del mundo*, F.C.E., México, 1998.

Mateos, Juan y Fernando Camacho, *O Evangelho de Mateus*, Paulinas, San Pablo, 1993.

Míguez, Néstor, "Apocalipsis en el año 2000: estrategias de lectura", Conferencias Mackay 1999, pronunciadas en la Universidad Bíblica Latinoamericana de San José, Costa Rica.

— "Para no quedar sin esperanza. La apocalíptica de Pablo en 1 Tes como lenguaje de esperanza", en *Revista de Interpretación Bíblica Latinoamericana*, Nro. 7, DEI, San José (1990):47-67.

Míguez Bonino, José, *Espacio para ser hombres*, Tierra Nueva, Buenos Aires, 1975.

— "El Reino de Dios y la historia", ponencia presentada en la segunda consulta de la Fraternidad Teológica Latinoamericana celebrada en Lima en diciembre de 1972 y publicada en C. René Padilla, ed., *El Reino de Dios y América Latina*, C. B. P., El Paso, 1975.

— *La fe en busca de eficacia*, Sígueme, Salamanca, 1977.

— *Militancia política y ética cristiana*, trad. Carlos A. Sintado, Ediciones La Aurora, Buenos Aires, 2013.

— *Toward a Christian Political Ethics*, Fortress Press, Filadelfia, 1983.

Moltmann, Jürgen, *Perspektiven der Theologie*, Munich/Maiz, 1968.
— *Teología de la esperanza*, Sígueme, Salamanca, 1969.
— *La justicia crea futuro. Política de paz y ética de la creación en un mundo amenazado*, Sal Terrae, Santander, 1992.
— *El camino de Jesucristo: cristología en dimensiones mesiánicas*, Sígueme, Salamanca, 1993.
— *The Coming of God. Christian Eschatology*, Fortress Press, Minneapolis, 1996.

Monti, Daniel P., *La preocupación religiosa de los hombres de Mayo*, La Aurora, Buenos Aires, 1966.

Morris, Léon, *Apocalyptic*, Wm. Eerdmans Publishing Co., Grand Rapids, 1972.
— *El Apocalipsis. Introducción y comentario*, Certeza, Buenos Aires, 1977.

Muñoz Rangel, Juan Jacinto, "¿En qué creía Borges?", *Revista Estigma*, Nro. 3, Málaga, 1999.

Murray, Iain, *The Puritan Hope*, The Bunner of Truth, Londres, 1971.

Myers, Ched, *O Evangelho de São Marcos. Grande Comentário Bíblico*, Paulinas, San Pablo, 1992.

Niebuhr, H. Richard, *The Kingdom of God in America*, Hamden, Connecticut, 1956.

Padilla, C. René, "El Reino de Dios y la Iglesia", en C. René Padilla, et. al., *El Reino de Dios en América Latina*, Casa Bautista de Publicaciones, El Paso, 1975.
— "El Reino de Dios y la historia en la teología latinoamericana", *Cuadernos de Teología*, Vol. VII, No. 1, 1985:5-12.
— "El banquete de Severo Arcángelo. Su dimensión teológica", en Revista *Certeza*, Nro. 5, Villa María.
— *Economía humana y economía del Reino de Dios*, Ediciones Kairós, Buenos Aires, 2002.
— *Misión integral. Ensayos sobre el Reino y la iglesia*, Grand Rapids-Buenos Aires, Nueva Creación, 1986 (2da. y 3ra. Ed. por Ediciones Kairós, Buenos Aires).

Palermo, Roberto, "uma organização itinerante: O Instituto de Pesquisa Social de Frankfurt", en Domenico De Masi, comp., *A*

Emoção e a Regra. Os grupos criativos na Europa de 1850-1950, 3ra. ed., Editora Universidade de Brasilia, José Olympio Editora, Río de Janeiro, 1999.

Pannenberg, Wolfhart, *Cuestiones fundamentales de teología sistemática*, Sígueme, Salamanca, 1974.

— *Teología y Reino de Dios*, Sígueme, Salamanca, 1974.

— *Fundamentos de cristología*, Sígueme, Salamanca, 1974.

— *Jesus-God and Man*, The Westminster Press, Filadelfia, 1977.

— *Teología sistemática*, Universidad Pontificia Comillas, Madrid, Vol. I y II, 1992 y 1996.

— *Systematic Theology*, Wm. Eerdmans Publishing Co., Grand Rapids, 1998, Vol. 3..

Pannenberg, Wolfhart, et. al., *La revelación como historia*, Sígueme, Salamanca, 1977.

Parkinson Zamora, Lois. *Narrar el apocalipsis*, trad. María Antonia Neira Bigorra, Fondo de Cultura Económica, México, 1994.

Pentecost, Dwight, *Eventos del porvenir*, Editorial Libertador, Maracaibo, 1977.

Pui-lan, Kwok. *Postcolonial Imagination & Feminist Theology*, Westminster John Knox Press, Louisville, 2005

Ratzinger, Joseph, *Escatología. Curso de Teología Dogmática*, tomo IX, Herder, Barcelona, 1984.

Rauchenbush, Walter, *Christianity and the social crisis*, Association Press/The Macmillan Company, Nueva York, 1907.

Richard, Pablo, "El pueblo de Dios contra el Imperio. Daniel 7 en su contexto literario e histórico", *Revista de Interpretación Bíblica Latinoamericana*, No. 7, DEI, San José, 1990:25-46.

— *Apocalipsis. Reconstrucción de la esperanza*, DEI, San José, 1994.

Ritschl, Albrecht, *The Christian Doctrine of Justification and Reconciliation*, T. & T. Clark, Edinburgo, 1902.

Roldán, Alberto F., *Borges y la teología. Hermenéutica de textos de Jorge Luis Borges en perspectiva teológica*, Teología y Cultura Ediciones, Buenos Aires, 2018

— "Comprensión de la realidad social en el discurso teológico de los Hermanos Libres en la Argentina (1882-1955)", tesis inédita de doctorado en teología, ISEDET, Buenos Aires, 1996.

— *Escatología. Una visión integral desde América Latina*, Ediciones Kairos, Buenos Aires, 2002

— *Hermenéutica y signos de los tiempos*, Teología y Cultura Ediciones, 2016.

— "Inminencia y retraso de la parusía en la escatología paulina", Seminario Internacional Teológico Bautista, Buenos Aires, 1982.

— *Jesús en acción. Un comentario dinámico al Evangelio de Marcos*, Publicaciones Alianza, Buenos Aires, Vol. 2 (en prensa).

— "Jesús y lo sagrado: afirmación y replanteo", Revista *Compromiso cristiano*, año 21, Nro. 60, Villa María, pp. 5-10

— "La propuesta metodológica de Sallie McFague en la búsqueda de nuevos modelos para una teología metafórica, Franciscanum: revista de las ciencias del espíritu, ISSN 0120-1468, Vol. 59, Nº. 168, 2017, págs. 197-228.

— "La revelación de Dios: un recorrido crítico", Londrina, 2000, trabajo inédito.

— "Latin America Perspectives on Eschatology. From Dispensationalism to Theology of Hope", *Annual Meetings of Society of Biblical Literature*, Boston, 2017.

— "La unidad del pueblo de Dios según pasajes seleccionados de las cartas paulinas", tesis inédita de maestría en teología, Seminario Internacional Teológico Bautista, Buenos Aires, 1984.

— *¿Para qué sirve la teología? Una respuesta crítica con horizonte abierto*, Facultad Internacional de Educación Teológica, Buenos Aires, 1999.

— "Prólogo", en William Hendriksen, *La Biblia, el más allá y el fin del mundo*, Libros Desafío, Grand Rapids, 1998.

— *Reino, política y misión. Sus relaciones en perspectiva latinoamericana*, Ediciones Puma, Lima, 2011

— *Señor total*, Publicaciones Alianza, Buenos Aires, 1998.

— *Te busca y te nombra. Dios en la narrativa argentina*, Pronombre, Mar del Plata, 2011.

— *Teologías de la Reforma*, Ediciones Kairós, Buenos Aires, 2017.

Roldán Alberto F. – David A. Roldán, *José Míguez Bonino. Una teología encarnada*, Sagepe, Buenos Aires, 2013.

Roldán, David A. *Teología contemporánea de la misión. Reflexión crítica*, Ramos Mejía: Ediciones Teología y cultura, 2013.

— *Teología crítica de la liberación: un replanteo desde el problema de la interioridad y la exterioridad, con especial atención a Juan Luis Segundo y José Míguez Bonino*, tesis de doctorado en teología, Sats/Fiet, Buenos Aires, 2011.

Russell, D. S., *Apocalyptic. Ancient and Modern*, Fortress Press, Filadelfia, 1978.

Ryrie, Charles, *Dispensacionalismo, hoy*, Publicaciones Portavoz Evangélico, Barcelona, 1974.

Sábato, Ernesto, *Abbadón el exterminador*, Planeta, Buenos Aires, 1991.

— *La resistencia*, Planeta/Seix Barral, Buenos Aires, 2000 (versión de España, Seix Barral, Barcelona, 2000).

Sacchi, Paolo, *Jewish Apocalyptic and its History*, Sheffield Academic Press, Sheffield, 1997.

San Agustín, *La ciudad de Dios*, B.A.C., Madrid, Vol. 2, 1988.

Sauer, Erich, *El triunfo del Crucificado*, Publicaciones de la Fuente, México, 1951.

Schwarz, Hans, "Escatología", en Carl E. Braaten y Robert W. Jenson, ed., *Dogmática Cristã*, Editora Sinodal, São Leopoldo, 1995, Vol. 2.

Schweitzer, Albert, *The Quest of the Historical Jesus*, A & C Black, Londres, 1954, 3ra. ed.

Shaull, Richard, *De la Iglesia y la sociedad*, Tierra Nueva, Montevideo, 1971.

Sobrino, Jon, *Jesucristo liberador*, UCA, San Salvador, 1991.

Stam, Juan. *Apocalipsis. Comentario Bíblico Iberoamericano*, 4 tomos, Ediciones Kairós, Buenos Aires, 2003-2009.

— *Apocalipsis y profecía: las señales de los tiempos y el tercer milenio*, Kairós, Buenos Aires, 1998.

Summers, Ray, *Digno es el Cordero*, Casa Bautista de Publicaciones, El Paso, 1954.

Susin, Luiz Carlos. *O tempo e a eternidade. A escatología da criação*, Vozes, Petrópolis, 2018.

Taubes, Jacob, *Escatología occidental*, trad. Carola Pivetta, Miño y Dávila, Buenos Aires, 2010.

Tillich, Paul, *Teología de la cultura y otros ensayos*, trad. Leandro Wolfson y José C. Orríes e Ibars, Amorrortu editores, Buenos Aires, 1974.

— *Teología sistemática*, Ediciones Ariel, Barcelona, Vol. I, 1972; Vol. II, 1973.

Torres Queiruga, Andrés, *Repensar la cristología. Sondeos para un nuevo paradigma*, Verbo Divino, Estella, 1996.

Vanni, Hugo, *Apocalipsis*, Ediciones Paulinas, Buenos Aires, 1979.

Vargas Llosa, Mario, *La guerra del fin del mundo*, Alfaguara, Buenos Aires, 2008.

Vila, Samuel, *Cuando Él venga*, CLIE, Barcelona, 1967.

Waissmann, Mario, *Un místico en acción. Albert Schweitzer*, Santiago Rueda Editor, Buenos Aires, 1953.

Zorzín, Alejandro, "Escatología apocalíptica en la Reforma Protestante del siglo XVI: Martín Lutero, Tomás Müntzer y los anabaptistas radicales", IERP-ISEDET, Buenos Aires, 1999.

www.ingramcontent.com/pod-product-compliance
Lightning Source LLC
LaVergne TN
LVHW021236080526
838199LV00088B/4537